# 亲爱的，你不必被愤怒牵着走

夏沫 ◎ 编著

中国商业出版社

**图书在版编目（CIP）数据**

亲爱的，你不必被愤怒牵着走/夏沫编著 —北京：中国商业出版社，2015.12

ISBN 978-7-5044-9228-9

Ⅰ.①亲… Ⅱ.①夏… Ⅲ.①成功心理—通俗读物
Ⅳ.① B848.4-49

中国版本图书馆 CIP 数据核字（2015）第 317598 号

责任编辑：朱丽丽

中国商业出版社出版发行
010-63180647　www.c-cbook.com
（100053　北京广安门内报国寺 1 号）
新华书店总店北京发行所经销
北京毅峰迅捷印刷有限公司印刷
*
635×960 毫米　16 开　14 印张　200 千字
2016 年 10 月第 1 版　2016 年 10 月第 1 次印刷
定价：36.80 元
* * * *
（如有印装质量问题可更换）

# 前言

为什么要编著一本专门提醒人们要远离愤怒的书呢?

坦率地讲,是因为现在不管走到哪里,也不论是在什么场合,经常有人情绪失控,准确一些说,是被愤怒的情绪所控制,不是在辱骂别人,就是在抱怨社会,抑或指责种种不公平,一副"举世皆浊我独清,众人皆醉我独醒"的清高样子,暂且不论其言论是否适当准确,只论其态度,试问发怒抱怨能解决问题吗?不能。怒气冲冲、怨天尤人的后果就是进一步增加烦恼,甚至是伤身、被人边缘化。遇到自己感觉气愤的事,可以不生气,也可以找到比生气更好的解决办法,以免愤怒的情绪影响我们整个人生。这就是我们编著此书的主旨。

众所周知,人们在这个世界上的境遇千差万别。人之初,本来无大差别,何以让人的生活出现上下两重天呢?可以说,导致巨大反差的主要原因就是一个人的坏性情!大学者胡适曾经说过:"世间最可恶的事莫如一张生气的脸,世间最下流的事莫如把生气的脸摆给旁人看。"其实何止于一张"生气的脸",因愤怒导致的不雅表情、越轨言行、可怕作为,实在令人举不胜举。可以说,世间最可恶者莫如人的一脸怒相,世间最下流的事莫如把怒气发泄到别人身上。为了让你的人生变得顺利起来,也为了让他人的感受到快乐,请尽快改掉你的坏脾气吧。

生气,是日常生活中谁也摆脱不掉的最普遍的心理现象之一。不少人脾气急躁,遇事容易冲动,特别是对一些不顺心或自己看不惯的事,就常常生气或怄气,有时还同人家争风吃醋、较劲逞强,吵闹不休,说出一些使人难堪的话,或影响同事间的关系,或影响家庭的和睦,或影响自己的前途。

好动怒与人的性情有关系:性情好的人则不易动怒,走到哪里,都会受到欢迎,别人喜欢同他合作、共事;性情不好的人,则常常给自己和别人带来苦恼和麻烦,使别人觉得难于与之相处和共融。有人做过调查,发现绝大多数人在选择配偶时,都把对方脾气好作为条件之一。众所周知,在一个家庭或单位里,如果有一两个脾气坏的人,常会使这个家庭或集体搞不好团结,乃至成事不足败事有余。因此,改掉爱生气、爱发脾气的习惯不仅可以消除个人的苦恼,而且也能够促进家庭和睦、职场和谐、生活快乐、人生顺畅。

还有更重要的一点应值得警惕,那就是经常发怒和抱怨的人有可能会自毁前程:发泄怒气只能让人获得一时之痛快,却给自己带来意想不到的麻烦。一个经常发脾气的人,会使人际关系很紧张,这样的后果是极其可悲的。因为一个人的社会生活,主要就是要与各类人员打交道,而爱发脾气、爱抱怨很容易让自己在与人交往中出现观点偏激,或者爱冲动的现象,这就不利于相互之间的合作。办事需要良好的心理素质是人所共知的道理,一个人是否能控制自己的情绪,适应不同的办事对象、办事环境也很重要。处险而不惊,遇变而不怒,如果你不能及时调整自己的情绪以适应需要,那么你在今天这样复杂的群体中就没法办事。

学会控制自己的情感、自己的行动,这在办事中是很重要的。在门被砰然关上,玻璃杯被砸碎,一阵咆哮声以后;在被人无情地冒犯之时;在办事时犯了一些不该犯的错误之时,你的情感如何呢?

你是否会动辄勃然大怒?你可能会认为发怒是你的权利,可你是否知道这种情绪不是解决问题而是坏事的!也许,你会为自己的暴躁脾气辩护说:"人嘛,总会发火,生气的。"的确,每个人都避免不了发脾气,可我们一定要知道,脾气不可以随意发。即使是笑也不是随意的,也不是在任何场合都可以笑的。至于为什么,我们认为通过生活实例进行有针对性的说明,可能会让你更能体会到这一点。如果你确实想改掉爱发怒的习惯,那就请你拿起此书吧。

## 第一章 多怒气是因为少涵养

培养一种平衡的心态 / 3

让流言自己冷下去 / 5

笑对生活烦恼 / 7

不要一味地指责和抱怨别人 / 9

保持从容和宽容的心态 / 12

让自己多一些城府 / 15

生活可贵,不能受气的干扰 / 17

要有一点听听反调的胸怀 / 21

生活中不要用自己之心去度别人之腹 / 23

生气是因为你修行不够 / 26

生活中要有走弯路的准备 / 28

## 第二章 提高你的克制力

不同的态度决定不同的结果 / 33

培养一个好性情 / 36

对不同的情结既善改变又善适应 / 39

善于化解愤怒 / 41

能制怒方可制势 / 43

通过调解心理来管控情绪 / 46

不要让坏情绪左右 / 49

做情绪的主人 / 51

## 第三章　易怒是人性的弱点

让自己多一些谦让 / 57
尽量想对方的长处 / 59
愤怒的中枪者多是弱者 / 62
在生活中少一些攀比 / 65
让性格变得坚挺起来 / 67
去掉烦恼先修正心态 / 69
生气是自寻不快 / 72
不对任何人有怨恨的心理 / 74

## 第四章　愤怒是坏事的根苗

记住一发怒就准没好事 / 79
愤怒害人于无形 / 80
不要走进魔鬼为你下的套 / 82
不要被自己的情绪击垮 / 84
愤怒是一把火，烧完别人烧自我 / 87
发脾气的作用就是搅局 / 89
抱怨的结果就是自己被边缘化 / 91
压不住火就会失去自控力 / 93
暴怒偏激如雷霆，人生灰暗难灿烂 / 96
愤怒是一辈子都得吃的后悔药 / 99

## 第五章　愤怒既伤身又伤友谊

一动怒就意味着你要做蠢事 / 105
只要动怒就先输一招 / 107
别因某件事不公平就来气 / 109

生气就是自己在作践自己 / 111
坏情绪害人，千万染不得 / 113
怒气是你生活缺少快乐的重要原因 / 115
凡事有怒气掺和就一定没有好结果 / 117
别让自己活在慢性自杀中 / 119
不要让怒火烧毁了自己的生活 / 121
别和自己的健康过不去 / 124

## 第六章　不要让愤怒成为习惯

不要把坏习惯留在身上 / 129
管住粗爆的脾气 / 132
让心灵清洁而轻松 / 135
杜绝愤怒从细节开始 / 138
不要让自己看起来就是气哼哼的样了 / 140
时刻提醒自己离愤闷远点 / 142
不能让愤闷成为常态的情绪 / 144
不要让烦闷成为你的习惯 / 146
凡事多一点思考少一点冲动 / 148

## 第七章　把愤怒关在笼子里

感觉愤怒要爆发的时候先将它锁起来 / 153
把愤怒当作是陌生人 / 154
消气要用锥子而不是打气筒 / 157
不给愤怒肆虐的机会 / 159
有针对性地消弭怒气 / 163
让抱怨之声保持沉默 / 165
忍不住怒就干不成事 / 166
给你的愤怒加以适当的约束 / 169

## 第八章　化干戈为玉帛

没恨不结恨，有恨宜化解 / 173

为人处事要看重与人为善 / 175

掌握一些必备的缓解冲动的技巧 / 179

以德报怨化敌为友 / 182

怨家宜解不宜结 / 184

一怒两伤一和两利 / 186

## 第九章　加强自身修养做生活的强者

不能因结怨而率性而为 / 191

用善意去化解怨隙 / 194

变负为正的最佳途径就是化敌为友 / 197

进行心理整合让自己的心理近乎完美 / 200

要快乐生活首先要理解生活 / 203

善待对手做大度之人 / 205

修养宽厚忍让低调的胸怀 / 208

真正的强者都不是任性的 / 210

生气不如争气 / 212

# 第一章 多怒气是因为少涵养

人是情感动物,喜、怒、哀、乐是人类情感的自然流露。但是一个有教养、有涵养的人不会让自己的所有情感都不加节制地自由发泄。因为,人还有遵守社会属性的法则要求。

## 培养一种平衡的心态

生活中，我们经常会面对很多让我们心理不平衡的事情。比如我们会把许多事情想象得很美好，结果却是希望越大，失望越大；我们特别努力认真地做了，但却没有回报；用一颗真心去交朋友，然而得到的却是欺骗。可以说，这都是让我们产生怨气的原因。

有人说：整个世界既是平衡的也是不平衡的。不平衡，是浮于表面的现象；平衡，是沉在内部的局部。因此，我们在世界上看到的更多的是不平衡，现实中遇到的也总是这样那样的不公平，让我们心里觉得很不平衡，这是人之常情。有一句话说："心态决定一切。"学会平衡心态是在这个社会生活所必需的。

从前，有个国王因头上患了一种皮肤病，致使头发都掉光了，成了一个秃子。国王正当中年，所以他总感觉自己过早地成了秃头在众人面前很难堪，尤其是在大臣的面前总感觉很丢脸，怕他们背后笑话自己。

为此事，国王很是苦闷，但又没有什么好法子。最后，王后想出了一个办法，就是让大臣们把自己的头发都剃光。这样大家都是光头，国王就不会感到不自在了。

而国王还真的采纳了王后的建议，这位国王做出这么愚蠢的举动就是严重的心态不平衡所致。可见，心态不平衡的人会导致自己的行为处事也失去平衡。有时候不但会遗笑大方，而且会造成不可想象的后果。

现今社会，很多人在追求名利钱财的时候会迷失自己。岂不知欲望越大，就越不懂得知足，还容易产生攀比心理，自然而然又会产生不满的心理，于是更加拼命地追求。这样就形成一个恶性循环链，陷入欲望的漩涡，让自己的心态越来越失去平衡。更有甚者，让自己愤闷异常，因情绪过激而做出蠢事。

那么，能用什么方法让自己的心态平衡呢？

### 1. 不去攀比，懂得知足

《伊索寓言》里有这样一个小故事。矮矮的山羊羡慕高高的长颈鹿可以吃得到高高树枝上的鲜嫩叶子，心里觉得很不平衡。可有一天，它发现自己可以轻而易举地走进矮小的门，而长颈鹿由于个子太高无法进入。于是，它失衡的心得到了矫正。

世间万物都遵循着平衡的规律，才会和谐繁荣，生生不息。王熙凤是《红楼梦》中贾母的孙媳妇，也可以说是贾府的大管家，她面对外人对贾府大业的恭维时说了一句话："大有大的难处，小有小的难处。"的确如此，任何事情都是具有两面性的。因此，我们不必去攀比，而是要懂得知足，懂得珍惜已经拥有的东西，这才是最明智的做法。

### 2. 既讲奉献也讲所得

对个人，对社会，我们都要学会付出，学会奉献，这样我们才会活得有意义，有价值。但同时我们也要学会合理地获取自己该得到的。俗话说：权利和义务总是相辅相成的。当回报到来时，我们就要毫不谦虚地接受，因为只有这样才会符合逻辑，我们的心理才会平衡。

### 3. 提高自我修养

心态平衡更是一种境界，一种源于修养的素质。古人提出"修身齐家治国平天下",其中把"修身"放在首位,可见修身的重要性。一个人具有良好的修养和素质是事业成功的基础,是幸福快乐的源泉。

一个具有亲和力、慈祥仁爱、待人诚恳的人走到哪里都受欢迎;一个心胸豁达的人必定会自觉地远离利欲熏心、急功近利的心理;一个拥有良好修养的人面对纷繁的尘世,不会心浮气躁、不会好高骛远,而是心平气和、从长计议。因此,学会提升我们的修养和素质,我们的生活就会充满阳光,精神就会更加充实,心境就会更加坦荡。

平衡的心态,是一种积极向上的心态,是一种和谐平稳的心态。心态平衡,生活中会多一些喜悦、少一些愤闷;心态失衡,则会出现敏感多疑、抱怨不满等负面的情绪。当然,人非圣贤,不可能在任何时候心态都会平衡,但在紧要关头,心态的平衡肯定会帮助我们化解一些矛盾。

## 让流言自己冷下去

应该说,无论是在生活中,还是在工作中,一些不实的绯闻及有损于一个人名誉的流言是让一个人愤怒的诱因。脾气不好的人,一听就会怒火中烧,非要一查到底不可。可对于一个成熟的人来说,他知道对待流言,千万不要自作聪明,误以为靠一张嘴就能说清楚,靠激愤就能澄清。最好的办法是避开它,让事实说话。

事实上,很多时候流言似乎具有粘连性,你不应付它还好些,你一应付,它就有了"真正的主人"。不仅消止不了,反倒还贴上你了。

不予理睬、沉默以待，有时还真管用。

明智的人面对舆论的是是非非，总是心胸开阔，他们对于闲言碎语，没有必要去计较，也计较不过来。自己想怎么活就怎么活，自己选的路尽管走下去。这个人说这样，那个人说那样，若整天忙着去查个清楚哪还有时间做正事呢？

一个事业、生活的强者，面对各种流言，总是漠然视之，并以此为"动力"，让自己干得更好、修练得更好。每个人都有自己的生活态度、方式，有自己的工作、事业，别人说，就让他去说吧，只要经得起"考验"，爱怎么活就怎么活，想怎么干就怎么干。当你生活潇洒、事业大成时，不恭的流言就会变成恭维了。

要制止流言蜚语，最好的办法是展现出自己的人格力量。

生活复杂，可愤之事颇多。倘若是生活小事可不予以理睬，假如事关重大、非同小可，就不能保持沉默了，要拿事实来说话，去证实自己的清白。唐朝开元初年，民间流传说皇上要挑选民间的美貌女子去当嫔妃。这让百姓对新皇上很有看法，但对此，皇上并没有大张旗鼓地采取强力措施去压制，而是命令选出后宫多余的嫔妃，送她们还家，于是，流言很快就平息了。因为皇上不仅没有招嫔妃，反倒送归一部分嫔妃，这谣传自然不攻自破。

不管怎么说，事实胜于雄辩，与其和它论来论去，不如干脆摆出自己的真实"底子"。

生活中少不了流言，应对流言有必要效仿一下成功人士的做法：一是不闹情绪，淡然处理；二是用有力的人格力量予以回击，让流言无人相信，自消自灭。

## 笑对生活烦恼

如果一个人不苟言笑,也从不发怒,我们说,这也不是很积极、很健康的个性。而一个不喜言笑的人从常理上讲,多半是一个爱生气的人。

我们都知道一笑可解百愁。生活中的许多不如意事,都是因为我们不知以何种心态来面对,不知放松,而是认死理的结果。所以,生活中要学会多一些笑容,这样就能拥有好生活。

笑可解百病,笑一笑什么烦愁都被抛到九霄云外去了。

有一位老先生,一个时期以来,时常头痛、背痛、茶饭无味,没精神。吃了很多药,也不管用。于是,他去一家中医院去看医生。一位老中医为他仔细地号了脉之后,给他开了一张方子,让老先生去按方抓药。老先生来到药铺,给卖药的师傅递上方子。师傅接过一看,问老先生是为谁抓药啊!老先生说为我自己抓啊。师傅听完后哈哈大笑,说这方子是治妇科病的,你去错诊所了吧?老先生一听赶忙回去找医生,医生却出门了,说要一个多月才能回来。老先生只好揣起方子回家。回家路上,他想糊涂医生开糊涂方,有点生气,但一想老中医给自己诊出了"月经失调"的妇女病,禁不住哈哈乐起来。这以后,每当想起这件事,老先生就忍不住笑。家里人听说了也都忍不住乐。一个月后,老先生又去找医生,笑呵呵地告诉医生方子开错了。医生此时笑着说,这是他故意开错的。老先生是肝气郁结,引起精神

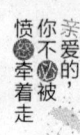

抑郁及其他病症。而笑,则是他给老先生开的"特效方"。老先生这才恍然大悟,而回头一想,的确这一个月,光顾笑了,什么药也没吃,身体却好了。

你看,"笑"的力量有多大呀。它影响人的健康,人的心情,人的交际,人的生活。

所以,在生活中要注意养成以下几点:

1. "世界上的事情最好是一笑了之,不必用眼泪去冲洗。"这是印度大文豪泰戈尔说的。

2. 用笑去亲近别人。有了笑,人类的感情就沟通了。

3. 让自己保持快乐的心态。

4. 凡是能用笑去解决的问题决不能动怒。

5. 永远都用笑面对生活,不管一切如何。

总之,我们忙忙碌碌地生活在这个世上,每一天都承受着巨大的生存压力。我们要维持自身和家庭的生活水准不至于太低,我们要时时提防天灾人祸的发生,我们面对着生老病死的困扰,我们要和形形色色的人打交道……如果我们不懂得调节自己,苦恼、忧愁、烦躁、愤怒……这些不良的情绪就会严重地损害我们的身体和精神。就像老话说的"愁一愁,白了头"。而最好的自我调适方法就是让自己保持乐观的心态,乐观地生活,并且养成习惯。

笑对一切,乐观向上,是正确的处世态度,是良好的生活习惯之一。也是人的品行的修养。

"愉快的笑声,是人的心理健康的标志""笑对一切,乐观生活"用微笑和乐观的心态来面对人生,解释生活,是身心健康的最显著标志。

要快乐地生活,就要学会摆脱坏情绪的干扰,一身轻松,心情才会更好。乐观的态度是战胜困难走向成功的法宝。要学会不与人争，不与人攀比，不追时髦，不扮贵人相，过简朴平淡的生活。也许自己的生活富足程度不如人，但内心充实有劳有逸，有工作的乐趣，有与家人共享天伦的温馨，也有自由活动的闲暇，还有什么不如意吗？

过平凡而快乐的生活，是一种真正的快乐。它为我们省去了多少欲求不能满足的烦恼，又为我们开阔了多少身心解放的快乐空间！

摆脱心灵的纷繁，让欢笑伴随每一天，我们怎会不快乐呢？

一个人要成大事，愁眉苦脸、愤懑抱怨都是无济于事的。只有养成乐观自信这样的好习惯，笑对一切困难并战胜它们，才是走向成功的正确道路。

## 不要一味地指责和抱怨别人

许多人都知道美国成功学大师卡耐基，也看过他的许多书。卡耐基就曾举例告诫过人们：不要轻易指责和批评他人，这是给自己带来成功和好运的方法之一。他举的例子有：双枪杀手·克劳雷、在芝加哥被处决的美国鼎鼎有名的黑社会头子阿尔·卡庞以及恶名昭彰的"纽约之鼠"达奇·舒兹等。就是这些社会败类和渣子在杀人时也指责和抱怨别人，就好像他们杀人的责任都应由别人承担一样。

卡耐基举这些例子，只是想向人们说明一个道理：批评、责怪、抱怨在别人的身上是一点儿都不会发挥正面作用的，因为大多数人都能为自己的动机提出理由，也就是说他们认为自己根本不应该被批评、责怪。

从心理学角度看，每一个人都害怕受到别人的指责。因批评而引起的羞愤，常常使雇员、亲人和朋友的情绪大为低落，并且对应该矫正的事情也没有一点好处。

因此，在现实中培养一种具有人性优点的性情就显得极具意义。

卡耐基有一位邻居，名叫约翰。约翰曾经有一个幸福的家庭，三个女儿聪明漂亮，妻子温柔贤惠。有年夏天，他的三个女儿一起驾车去郊外旅游。在人烟稀少的郊外，两个姐姐想让妹妹练练开车的技术，就把车交给了最小的妹妹来开。妹妹开着车，兴奋异常，把车开的像脱缰的野马一样，可就在快到十字路口处，悲剧发生了。小妹开的车与一辆从侧面驶过来的大拖车相撞，致使大姐当场死亡，二姐头部受伤，自己也腿骨骨折。原来，小妹想在红灯亮起之前通过，并加大了油门，造成了这场悲剧。

约翰夫妇接到电话后，立刻赶到了医院。他们紧紧地拥抱着幸存的两个女儿，一家人眼泪纵横。可待父母擦干了两个女儿脸上的泪之后，就对着两个女儿开始谈笑，像是什么也没有发生过一样，始终温言慈语。

好几年过去了，肇事的小女儿问父母：当年，大姐正是死于她闯红灯造成的车祸，当时为什么没有任何责备和教训她的举动呢？约翰夫妇只是淡淡地说："你姐姐已经离开了，不论我们再说什么或做什么，都不能让她起死回生，而你还有漫长的人生。如果我们责难你，你就会背负着'我造成姐姐死亡'的心理包袱，进而丧失一个完整、健康和美好的未来。"这是一对很有涵养和素质的父母。

朋友们，当你指责别人时，得到的基本上就是沉默。除了沉默，有时候还会有反唇相讥、振振有辞。这意味着什么？是对指责的对抗，尽管他们与你并无仇隙，尽管他们的确有错。人就是这样，做错事的时候不会主动去责怪自己，而只会怨天尤人，我们都如此。所以，你若是想责怪某人，请记住阿尔·卡庞、"双枪杀手"克劳雷和约翰夫妇等人的例子，别让批评像家鸽一样飞回到自己家里。也让我们认清：我们想指责或纠正的对象，他们会为自己辩解，甚至反过来攻击我们，或者他们会说"我不知道所做的一切有什么不对"。

林肯是美国历史上最善于处理人际关系的总统，世界上有许多人都这么认为。当林肯咽下最后一口气时，陆军部长史丹顿说道："这里躺着的是人类有史以来最完美的统治者。"有许多人对林肯做过系统、深入、透彻的了解，包括林肯的性格、居家生活和他待人处世的方法。

《林肯的另一面》一书对林肯有以下评价：

林肯开始并不完美，年轻时他喜欢批评人，他常把写好的讽刺别人的信丢在乡间路上，好让当事人发现。做见习律师时，他喜欢在报上公开抨击反对者，虽然只是偶尔。有些行为导致的后果，他刻骨铭心，永生难忘。

1842年秋天，他又写文章讽刺一位自视甚高的政客詹姆士·席尔斯。他在《春田日报》上发表了一封匿名信嘲弄席尔斯，全镇哄然引为笑料。自负而敏感的席尔斯当然愤怒不已，发誓要查出写信的人。当他锁定了是林肯所为之后，便下战书要求与林肯决斗。林肯本不喜欢也不想决斗，但迫于情势和为了维持荣誉，只好接受挑战。他手臂长，想以此占一些优势。于是，他选择了用骑兵的马刀做为决斗武器，并且向一位西点军校的毕业生学习剑术。到了约定日期，林肯和席尔斯在密西西比河岸碰面，准备一决生死。幸好在最后一刻有人阻止了他们，才终止了一场悲剧的发生。

经历的最惊心动魄的一桩事,也让他懂得了如何与人相处的艺术。从此以后,他不再写信骂人,也不再任意嘲弄人。也正是从那时起,他不再为任何事指责任何人,包括南方人。当他的夫人极力谴责南方人时,林肯说:"不用责怪他们,同样的情况换上我们,大概也会如此而为。"他最喜欢的一句名言是:"你不论断他人,他人就不会论断你。"

在现代文明社会,指责别人的人或许永远不会遇到林肯遭遇过的尴尬,但是因指责而生的怨恨却是不容易化解的。因为我们所相处的对象并不是绝对理性的动物,而是充满了情绪、成见、自负和虚荣的人。所以,假如你想引起一场令人至死难忘的怨恨,只要发表一点刻薄的批评就可以了。也就是说,只有不够聪明的人才批评、指责和抱怨别人。

## 保持从容和宽容的心态

为保证在生活工作中,在与人交往中,都能和谐愉快,让自己保持从容和宽容的心态很重要。

明代养身学家吕坤在《呻吟语》中告诫人们:"天地万物之理,皆始于从容,而卒于急促。"并说,"事从容则有余味,人从容则有余年"。

法国文学大师雨果曾说过:"世界上最宽阔的是海洋,比海洋宽阔的是天空,比天空更宽阔的是人的胸怀。"宽容是一种博大,它能包容人世间的喜怒哀乐；宽容是一种境界，它能使人生跃上新的台阶。

一个人在生活中学会了宽容，他就可以明白以下道理：

宽容就是洞察。世界由矛盾组成，任何人或任何事情都不会尽善尽美。不要苛求自己，更不要苛求别人用宽容的眼光看世界，友谊、事业家庭才能稳固和长久。

宽容就是理解。对于同事的批评、朋友的误解，过多的争辩和"反击"都不足取，唯有理解最重要。理解就是相互体谅。

宽容就是忘却。忘记昨日的是非，忘记别人先前对自己的指责和伤害。时间是良好的止痛剂。相信人都会反思，不会抱着错误不放，也不会天生就以损害人为己任，不管好的、不好的都会过去的。

在重庆有一女富商在劳务市场找保姆时，巧遇当年自己从乡下刚进城里时的雇主，她说："事隔八年能重逢，说明我们是有缘分的，能帮就帮一把吧！"当年这位雇主没给自己一天好脸色，还经常嘲笑她。八年后主雇关系调了个儿，当年受虐待的保姆以德报怨，以加倍的工资和很好的生活条件回报原来的雇主。

宽容就是涵养。宽厚待人，容纳非议，乃事业成功、家庭幸福美满之道。事事斤斤计较、患得患失，活得也累。

从容和宽容是一种不需要投资、保持心理健康的"维生素"。从容和宽容不仅能给我们带来平静和安定，也是通向健康的坦途，而且对赢得友谊、保持家庭和睦以及事业成功都是必不可少的。

顾准是中国当代学者、思想家、经济学家、会计学家、历史学家，是中国最早提出社会主义市场理论的人。1957年被划分为"右派分子"，1965年9月，顾准被第二次戴上"右派"帽子，妻子被迫提出离婚，子女与他划清界限，革命群众更是痛斗痛打，可谓众叛亲离。

与其相处10年的现著名的经济学家吴敬琏先生记载了一则非常感人的故事：

"清理阶级队伍"运动中，顾准的一位老朋友兼老上司林里夫曾用荒诞牵强的推理"揭发"顾准，指斥他在20世纪30年代就是执行右倾投降主义路线的"内奸"，弄得顾准百口莫辩。很久以后，直到周扬得到解脱，顾准的"内奸"问题才解决。1972年顾准回京后，对林里夫却多方照顾，考虑到这位老友也处境凄苦，逢年过节总是备下酒菜，约他共餐对酌。吴敬琏当时很不以为然，认为顾准完全不必当东郭先生，对这样的人，不去回敬他一拳已算仁慈。顾准却说：你真是不懂世事，他这种古怪个性和奇特的思想方法，完全是由党内不正常的政治生活和逼供讯"审干"做法造成的，是这套制度毁掉了他的一生，悲惨的人生遭遇形成了他的古怪脾性，我们应当同情他才是，怎么可以苛责呢？

林里夫乃20世纪30年代抗战前中国民族武装自卫会的党团书记，顾准的入党介绍人。由于顾准的"恕道"，这一对老战友的友谊得以维系始终。1974年10月中旬，顾准病倒后，林里夫每天赶到社科院经济所宿舍，为顾准炊煮饮食照料生活。顾准住院后，虽有经济所一位同志专事照顾，林里夫仍然每天3次看望照料。就是顾弟陈敏之从上海赶来后，林里夫每天下班还是要到医院探望，后又派其女每天上午顶替陈敏之照看顾准。其时，林里夫的政治处境也很艰难，经济条件尤窘。想来，林里夫一定是被顾准的人格彻底感动。

顾准在其遗嘱中向里夫老友赠款500元。当时这可是一笔不小的款额。

顾准的座右铭是："宁可天下人负我，我不负天下人。"一次，女同事张纯音与顾准争论："别人要是打了你的左脸，你再将右脸递上去，完全是一种奴隶哲学。我的观点是针锋相对，以牙还牙，以眼还眼。"顾准答："人类社会正是因为有强烈的报复之心，你打我一拳我还你一脚，才总是斗争不已。如果大家都有宽容仁爱之心，这个世界会好得多。"

相信若世人皆有顾准之心，这个世界将真的是一块人间净土。

## 让自己多一些城府

应该说，人的情感是天生的，但是情感的流露是可以控制的。多培养一些城府是要求人能拥有掌控自己情感的方法。

生活中，让自己生活得快乐一些，让周围的人对自己充满好感，是每个人都想追求的事情。然而要实现这种人生状态可不是一件容易的事，它涉及到方方面面的因素。但无论如何，对于一个期盼快乐生活的人来说，增加自身的城府修养，与人交际时豁达一些，开朗一点，都是极有必要的。

在人际交往中，开玩笑，特别是在一些熟悉的人面前，是常有的事。一个恰到好处的玩笑既能营造轻松愉悦的气氛，又可以拉近人与人之间的距离，委实是一种幽默风趣的交际手段。值得注意的是，有时即便是自己成了别人玩笑的对象，在玩笑中受了一点刺激，也应理解毕竟只是玩笑，大可一笑而过。但在实际生活中却有一些没有什么城府的人，加上其曾受到过一些伤害，如果别人无意中碰到，他们就

受不了刺激，认为是别人在有意讽刺挖苦自己，于是便压不住火气，与别人发生冲突。让本来充满和谐气氛的场合瞬间变得沉闷和尴尬。

小张是个性格开朗的小伙子，爱开别人的玩笑。大家基于同事的关系，又都了解他的性格，有时即使听到一些让人不怎么舒服的言语，也都能容忍和理解，最后也都是一笑了之。

有一回，在有几位同事在场的情况下，小张对一位女同事说："我昨天参加一位朋友的婚礼，新娘长得太像你了，冷眼一看就是你，只是看上去比你小几岁，人家年纪轻轻的就结婚了。我什么时候才可以喝到你的喜酒呢？"

小张的话还没说完，这位看起来温文尔雅的女同事早就急了，并大声回应道："你算老几？我什么时候嫁人关你什么事，喝喜酒也轮不上你。"她发的这个脾气让在场的同事都顿感尴尬至极。

原来，这位女同事刚好与交往多年的男友分手，心情尚未恢复平静，一听到小张的玩笑，年纪老大不小的她顿时觉得有种被侮辱的感觉，一时气愤难平，也不管什么场合，就给了小张一个难堪。

其实小张并没有恶意，对她分手的事也不知情，但说者无心听者有意，很多的争执就是因此发生的。

不过，从另一个角度来说，我们应该理解有很多事情其实没什么大不了的，只是一个玩笑而已，不应当把它看得非常严重。有的人面对亲友同事的玩笑暴跳如雷，事情过去很久还一直耿耿于怀，记恨在心，就显得不够大度了。

事实上，有些人之所以觉得事态严重，多半是因为别人有意无意戳到自己的"疮疤"，忍受不了别人的嘲笑，在过强的自尊心作祟下，便用发脾气来表示自己的不满，结果是不但对消除误会毫无帮助，没准儿还会引起更大的误会。

泰戈尔说："当人微笑时，世界也会爱他。"

是的，微笑可以消除诸多争端，化解种种冲突，它能平息我们的怒火，有效缓解心中的闷气。所以，当你遇到别人无伤大雅地开自己的玩笑时，无谓的生气或反击，只会让对方自以为占到便宜，挑起他下次继续作弄你的兴趣。反之，如果你能不为所动，或者用释怀的心情去面对，对方反而会自觉无趣，知难而退。

凡事看开一些，用豁达的心态来看待身边事物，才能走出自我设限的条条框框，心情自然就会开朗许多。其实，生气、愤怒都来源于自己内心的想法，假如我们能做到达观、淡泊，从善意的角度看待他人的玩笑，心中的怒气自然会得到缓解。其实，为了让自己活得更快乐、更潇洒，有时我们也有必要刻意放松自己的心情，偶尔充当一下别人玩笑的对象，也不失为一种调剂生活的方式。

## 生活可贵，不能受气的干扰

每个人都不否认，现在我们都生活在一个美好富足的社会当中，面对一个丰富多彩的社会，我们没有理由不去享受它，而去找气生。但尽管生活如此美好，也不乏一些整天满腹抱怨之辞的人，他们生气自己的目标还没有满足，生气别人比自己生活得好，生气别人惹着自己了，损害自己的利益了。不管怎么说，他们总是有气生，就这一点，他们还不如古人看得开。

清朝光绪年间，东阁大学士阎敬铭曾写了一首《不气歌》：

他人气我我不气，我本无心他来气。
倘若生气中他计，气下病来无人替。
请来医生将病治，反说气病治非易。
气之为害大可惧，诚恐因病将使废。
我今尝过气中味，不气不气真不气。

读完这首诗，想想确实有其道理。人生有限，为什么不让自己活得快活一点，潇洒一点，而浪费时间去为一些鸡毛蒜皮的小事生气呢？如果遇到中伤或误解的事，生气也解决不了问题，坦然对之，烦恼会在不知不觉中消失，你也落得潇洒，当一切都归于平静之时，人家还会更加敬重你这个人。

后汉时期，谯县有个叫曹节的人，待人仁义宽厚。有一次邻居家丢了一头猪，与曹家的一头猪很相像，于是那位邻居就找上门来询问，而且看过之后就认定圈里这头猪就是他家的。这事若换作别人一定气得不得了，可曹节二话没说，就让他把自己家的猪赶走了。不久，邻居家丢的那头猪自己跑回家了，邻居的脸面很挂不住，主动把曹节家的猪送了回来，并表示感谢。曹节笑了笑还是什么也没有说，可邻居自己却愧疚不已，其余的人对曹节的所作所为也备加称赞。

与曹节一样，汉武帝的太傅卓茂，也是一个性情宽厚的人，与乡里人相处得十分融洽。一天他骑马外出，有个人说卓茂骑的马是他的。卓茂知道那个人一定是认错了，但并没生气，只是嘿然一笑，便把马给了他。不久，那个人找到了自己的马，赶紧把卓茂的马给送了回来，并表示了歉意。

一般地说，对于日常生活中遇到的小矛盾，不生气是正常的，这倒也不难；而大气之人则是忍常人不能忍之事。

宋朝初年一位名叫高防的名士，就是这样一位难能可贵的人。

高防的父亲高从庆战死沙场，他从16岁被澶州防御使张从恩收养，后来做了军中的判官。有一次，一个名叫段洪进的军校偷了公家的木头做家具，被人抓获。张从恩听说有人在军中偷盗公物，也很震怒。为严肃军纪，下令要处死段洪进以警众人。在情急之时为了活命的段就编造了谎言，说是高防让他干的。本来这点小事也不至于犯死罪，张从恩对段的处理有些过头，高防是准备为其说情的，但现在自己却被段诬告进去，失去了说话的机会，还让自己蒙上不白之冤能不气吗？但转念一想，军校出此下策也是出于无奈，想到凭自己与张从恩的私交，应承下来虽然自己名誉受损，但能救下军校的性命也是值得的。所以当张从恩问高防是否属实时，高防就屈认了，结果段洪进被免死了，可张从恩从此不再信任高防，并打发他回家去了。高防也没做任何解释，便辞别恩人独自离开了。直到年底，张从恩的下属彻底查清了事情真相，张从恩才明白高防是为了救段洪进一命，代人受过。从此张从恩更信任高防，又专程派人把他请回军营任职。高防的这口气可谓忍的大，忍的深。但为了救段洪进的性命，把这口气硬是深深地忍了下来，一般人会认为高防糊涂到了家，可他这气量实在叫人钦佩。也正因为他有超出常人的气量，硬是不气不辩，所以一旦云开雾散之后，高防不但没有丧失自己的生存空间，而且获得了更多人的尊重。

所以，忍耐痛苦之极，能换来至极的甜蜜。

春秋时鲁国人闵损，是孔子的学生，他母亲去世，父亲续了弦。从此，闵损受尽后母的虐待。到了冬天，后母给自己亲生的两个儿子穿着棉絮做的棉衣，而给他穿芦花絮的棉衣。有一次他和父亲外出，他与两个弟弟拉车，在路上，他的两个弟弟面色红润，脸冒热汗，而他却浑身颤抖，面色灰白。父亲以为他偷懒，就用鞭子抽打他，鞭子抽破了棉衣，芦花飞了出来，他父亲恍然大悟，气愤万分，要立即返回家中把妻子休掉。闵损见状，跪在地上哀告父亲说："母在一子寒，母去三子单！"父亲见他的话如此仗义而近情理，就打消了休妻的想法。这位后母知道了闵损说的话，非常惭愧和感动，以后她痛改前非，待闵损如同亲生儿子。按理说闵损一直受继母的虐待，现有了报仇解恨的机会，应高兴才对，但他没有那样做，由此既和睦了兄弟，又教育了父亲、感动了继母。天底下谁能不为这种大气之举感动呢？

人心都是肉长的，人心也都是可以焐热的，你的宽容、你的忍让，不仅可以免除纷争，还可能换来对方的义举，事情会得到更圆满的解决。

人的一生，要遇到很多不平事，如果面对每件事都生气、烦恼、痛苦，那么，还有什么快乐而言呢？"不气"，正是我们面对这些不平、不公的事所应有的态度，只有如此，生活才会祥和、幸福。

## 要有一点听听反调的胸怀

所谓的与自己唱反调是指，提出与自己提倡的观点和主张相悖的观点和主张。你说东，他非要说西，你主张和，他就是主张斗。

遇到唱反调的人，愚者多怨，仁者不言，智者不记。虽然说，这三种态度都没有真正解决问题，而只是搁置或回避问题，但是遇到与自己唱反调的就怒或怨是愚蠢的。

其实，生活中有唱反调的人是正常的现象，人际交往也需要唱反调的人。的确，遇到唱反调的人让人伤脑筋，十分难堪。唐太宗李世民曾因憎恨魏征的直言诤谏，回到后宫仍愤愤不已，扬言要杀掉这个多舌的人。幸而长孙皇后贤德通达，换上朝服跪行大礼庆贺：皇上得魏征如得明镜，皇上幸甚，社稷幸甚！后魏征亡，李世民痛心疾首，曾哭着说："吾失一明镜也。"由此可见唱反调的人对于我们的理想、事业、人生是大有裨益的，我们大可不必对那些唱反调的人心怀忌恨。

应与唱反调的人进行思想沟通，闻反调如闻黄钟大吕，首先反省自己，对自己的过失，不装模作样地掩饰，及早敞开自己的胸怀和灵魂，用诚意这道圣符去弹拨对方的心曲，让自己的思想与之发生和谐的共鸣。你越是大方地勇于承认过失，就越能体现自己的高姿态、高素质，越能赢得别人的敬佩而对你少唱反调。

应付反调，大度是关键。有些人自视甚高，压根儿瞧不起唱反调的人：你是什么东西？这儿没有你说话的地方！这种人看起来很有骨气、很有手腕、很有魄力，实则外强中干素质平平，想维护自己的尊严和威信，用大话狠话去堵众人口，其结果可想而知。

耳闻反调的过激言辞和指责，大度则显示其高贵的气质。梁漱溟先生语"情贵淡，气贵和"，道出大度的境界。要达到这种境界，"看花容易绣花难"，需要博大的胸怀肚量去吞吐潮汐吸纳群山，化解将至的疾风暴雨，让理性之帆高扬在清流之中。

入职时间不长，但很有发展前途的小冯被提升为办公室主任。这让老员工老田的心里很不平，而每当小冯安排工作时，老田自认为工作时间长、资格老，总是提出反对意见，还时常与之唱反调，这让小冯心里也很不舒服，老田的做法也使同事们产生了不满情绪，小冯也有充分的理由反驳老田。但小冯采取了妥协的策略，心平气和地说："请允许我考虑考虑。"语气极平淡，犹如疏星朗月和风细雨。事后，小冯多次找老田谈心，相互交换意见，指出老田的主观偏见和经验主义。老田对小冯只有佩服的份儿，再也唱不出反调来了。由此可见，大度是一种策略，任何疾言狠语都被弹在其外，使自己有充裕的时间占领制高点，很轻巧地去化解反对意见。

有人视唱反调的人如敌人，耿耿于怀。这种人心胸狭窄，随时可能向唱反调者发起进攻，他们视反调为大不敬。最后是小不忍则乱大谋。

闻反调心要静，不妨将反调的观点和个人的观点逐一对照，比较鉴别，去伪存真，这一过程要去除个人一切私心杂念，正本清源，明辨孰是孰非。有位经理公开一个决定，属下纷纷表示拥护，独有一位唱出反调，而且出语甚是尖刻。开始，经理十分恼火，认为属下当众驳他的面子使他难堪丢脸。这让他很生气，因为：一是这一决定没有什么不妥，二是这是公然在挑战上级的权威。会后，经理头脑冷静下来，反复比较验证反对意见，并查阅大量有关资料，得出"天衣有缝"反调正确的结论，不禁汗颜。经理比较反调的正误，避免了一次决策失误，为自己提供了警醒。

对唱反调的人，有时也需要争鸣，给其以提醒，但要利用摆事实讲道理，而不是以愤怒和争斗。但对于恶语相向有意诋毁破坏的人，适当予以回击也是必要的。

甲公司新调入一位老总，这使原有希望升任老总的副经理心理失衡，所以，他经常与现任老总对着干，仿佛老总胸无点墨，反应迟钝，低能无术，决策失当。对于副总的放肆，有人在老总那儿使坏，提议罢黜，撵走清静。老总没有这样做，而是与副总进行了一次理性交锋：抓住反调的缺陷予以剖析，指出一个人如果自我意识严重，就会被虚荣和面子蒙蔽了眼睛，只见事物的表象，不识事物的本质，难免抓不住自己的灵魂和思想，只知倨傲、恼恨、仇视、挑剔。这样就滑入了低俗愚蠢的陷阱，失去儒雅之风高洁之志，只能被别人耻笑。

此举一下就使副总折服。过后有人与老总说起这次交锋，老总意味深长地说："一个人眼瞅着远离了自己向往已久的东西，谁没有情绪啊？如果我不能正确地对待这件事情，那就真地说明我不胜任啊！"

## 生活中不要用自己之心去度别人之腹

生活中有这样一群人，他们生气也好，不高兴也好，其原因说起来很可笑，是因为他们猜想别人要伤害自己，或要说自己的坏话甚或

是要陷害自己。这样的人甚至因别人一个无意的眼神、一句无心的话而怒火中烧。

如果这些人能怀着坦然的、单纯的态度去对待身边的人和事，就会少许多顾虑和烦恼。

方芳是一个很能干的女人，30多岁的她靠着父亲留下的一点基业就打拼出了一家规模不小的公司。她为人大度仗义，有很多关系很铁的客户。

经常有同龄的女客户好奇地问她："你为什么能在这样的年龄段上干出这么大的事业，且形象和气质保持得这么好啊？"她告诉她们说："这可能得益于我的心很静，不爱生气的原因吧。年轻时我常常为一些小事烦恼，就连男友一句无心的话也会让我睡不着觉。心想，他说这话到底是什么意思啊？是不是嫌我长得丑啊？后来，我爸爸因车祸去世，也就是这件事让我明白了：什么事情都要往开了想，不能自做聪明，刚愎自用。

"还有，我爸爸的经历也让我明白了不少道理。我爸爸20多岁就开始创业，经过十几年的打拼，终于创出一番不小的事业。有一次，很少查看账目的他忽然心血来潮查看了账目，发现公司账上被划走一笔10万元的款项，而去向却不明。管账的是他的合伙人，因此父亲开始怀疑合伙人多年来是否都有'吃账'的问题。就因为这笔去路不明的账，又不便问，他开始睡不着觉，后来又开始喝酒，有一天晚上应酬后开车回家，发生了车祸。

"父亲走后，我妈妈处理他的后事时发现，那10万元只是他的合伙人合理地用到了一个子公司，不久又挪回来了。没想到爸爸为了这笔钱烦了那么久，还因此……我从爸爸身上得到了一个教训，就是不要盲目猜忌人，不要自找麻烦，以最单纯的态度对待每件事情。"

人往往容易被许多无影的事情所缠扰，最后导致怒火中烧，逼自己走上极端。要想阻止生气这个病毒的进一步扩散，就不要被自己的情绪左右，也许这个"病毒"就不会感染到你了。

　　美国一位著名的心理学家认为：现代人之所以活得很累，是因为他们的思维把事情扩大化、复杂化了，由此心里很容易产生种种焦虑烦恼，甚至不快。这个世界本来就很简单，是我们把自己的主观意志强加其上，生出了许多烦恼。

　　有一天，有一位叫布克的先生在一家珠宝店的柜台前看手镯，他把一个装着几本书的包裹放在柜台的一侧。这时，一个衣着讲究、很有绅士样子的男子走进来，也开始站在柜台前看珠宝。布克怕自己的包裹妨碍对方的选购，于是就礼貌地将包裹移开。但这个男子似乎不领情，他愤怒地对着布克说：自己是个正直且富有的人，看不上布克那看上去不值几个钱的包裹。那男子觉得自己受到了侮辱，气冲冲地走出了珠宝店。

　　布克愣了半天，也有些生气，明明是对方误会了自己的好意，他根本没有防范对方的意思。

　　后来的一个早晨，布克开着车去上班。密密麻麻的车阵让他心烦不已，他满腔怨气地想：为什么那些开车不是太快就是太慢的笨蛋也能拿到驾驶执照？那些脾气暴躁只知道争抢车位的车主根本没有资格在高峰时间开车，这些人的驾驶执照都该被吊销。

　　当他的车开到一个交叉路口时，一辆大型卡车也驶到了路口。他心想：这家伙开的是大车，他一定会直冲过去。不过让他意外的是，卡车司机竟然向他招招手，示意让他先行。当他将车子驶离交叉路口时，心中所有的愤怒突然完全消失，心胸豁然开朗起来。

有时候，事情本不像你想象的那样，当你以单纯的态度去看待周围的一切，你会发现事情根本没有那么糟，也没有那么让人心烦。事实上，这个世界依旧，如果说它有什么让你烦心的地方，那只是你所持的态度使然。

你简单世界就简单。如果你无法排除外界事物带来的烦恼和迷茫，生命就会因失去本色而变得浑浊。想要活得轻松自在，又没有负担，就要学会把问题简单化，学会微笑，以心平气和的心态快乐地活着。

## 生气是因为你修行不够

有细心的人统计：人这一辈子犯的错误，有80%和生气有关。怒气让人变得没有理智，让周围的所有人都感到不满和厌恶。

科学家们通过实验发现，将一个人在平静状态下呼出的气体输入一种液体中，液体不会有明显变化，但是将一个人在伤心时呼出的气体输入这种液体中，液体会产生白色沉淀，而输入一个人生气时呼出的气体，液体则会变得混浊不清。有人做过分析，一个人生5分钟的气，相当于长跑两公里消耗的体能。由此可见，生气对人体健康危害巨大。

爱生气的人，让自己的言行举止变得丑恶和荒唐，不可理喻，而且还让自己快速衰老，严重危害身体健康。不仅如此，人一旦生气，就会失去理智，导致许多悲剧的发生。人生是美好的，我们不应该让生气控制我们的情绪，进而毁掉我们的生活。

生气有时是弱者的表现：职场上，自己精心设计的一套方案因为没获得领导的赏识而生气；在家里，因为丈母娘嫌自己没本事而生气；在学校里，因为被尖子生嘲笑而生气；等等。

一个自认为怀才不遇的年轻人，因为得不到公司领导的重用而生气，于是去质问上帝："你能告诉我命运为何对我如此不公？"上帝听完年轻人的抱怨，没有马上回答他的问题，而是在一堆石头里捡起一块，随手扔到石堆里，问年轻人："你能把我刚才扔出去的石头找出来吗？"年轻人摇摇头。接着，上帝又把一块金子扔进石堆里，问年轻人："那你能找到这块金子吗？"年轻人说："能。"上帝说："当你因为得不到领导重用而生气时，你不过是一块石头，而不是金子。因为你不能像金子一样发出耀眼的光芒，别人当然无法将你从石堆中找出来。"年轻人听了之后才明白了其中的原由。

很多时候，你之所以生气，是因为你做得还不够好，你没有本事，没有上进心，没有发出金子般的光芒。这时，你生气于事无补，因为生气无法改变你的处境。要想改变，就得采取实际行动。常言道：只有愚蠢的人才去生气，聪明的人是没有时间生气的。

著名影星史泰龙从小就知道自己的父亲是赌棍，母亲是酒鬼。父亲每次赌钱输了就对母亲和自己拳打脚踢，而母亲每次喝醉之后，也会拿他当出气筒。

跟许多在家庭暴力环境中长大的孩子一样，史泰龙不能集中精力学习，到了高中便辍学了。之后他整天在街道上鬼混，过着百无聊赖的生活，受尽路人的厌恶和蔑视。对此，他非常生气，也很痛心。但他并没有想过报复那些曾经伤害和讨厌他的人，而是想着如何改变自己的处境，从别人轻蔑的眼光中逃离出来。

他曾无数次地问自己：难道要这样在别人的白眼中度过一生？他也生过父母的气，恨他们没出息，恨自己生在这样的家庭。但生气归生气，史泰龙很快就冷静下来，思考今后的出路，他决心走一条与父母迥然不同的道路。因为没有高学历，也没有一技之长，最后他决定去当一名既没有学历要求也不需要太多本钱的演员。由于他长相普通，没当过演员，也没有特别的天赋，更没接受过专业的训练，所以一开始总是被拒绝。

但是，他并没有放弃，而是一边在好莱坞打工，一边寻找机会。后来，他终于打动了一位导演，安排他演戏，并逐渐成为一位世界顶尖级的电影巨星。

面对生活和工作中的不顺畅或不得意，生活的弱者选择的是逃避，要不就是无休止地抱怨。其实，面对困难时，你不妨换一种心态试试。如果面对挫折，你只会生气抱怨的话，那永远也不会有翻身的机会。但如果你能咬紧牙关，为了争一口气，努力挺过当前的难关，那么最后的赢家一定是你。记住，在任何时候生气都是毫无意义和价值的，与其生气抱怨不如跟自己斗一口气，换一种积极乐观的心态，你就能拥有一个不一样的人生。

## 生活中要有走弯路的准备

生活中别为弯路多而生气，任何事物的发展都不可能是一条直线。就像我们的生活，从来都不会一帆风顺一样。生活中要有走弯路的准备。

　　人生很漫长，也会经历无数的事，因此，路不会是一直顺畅的，无论是大事小事，总是有曲折、有迂回。这是每个人都会面临的现实，但每个人面对这些现实的态度却是不同的。有的人只会自怨自艾，有的人则会选择勇敢面对。其实不管是哪种人生态度，我们都缺少了一种思想，那就是变通。而变通才是解决问题最根本的办法。

　　清朝以少数民族为主人身份一统江山，我们即便是没有经历过，也能想象出在那一过程中的艰辛。尤其是开国时期，各地纷争，面对这样的局势还能够完成统一大业，多尔衮功不可没。究其原因，最重要的一点就是面对弯路时，多尔衮学会了变通。

　　顺治元年，大清王朝将都城迁到了北京，摄政王多尔衮开始着手进行用武力统一全国的战略部署。就当时的军事形势来看：农民军李自成和张献忠加在一起，共有兵力40余万；而且刚建立起政权的南明也汇集了江淮以南的兵力，大约不下50万人，雄踞长江天险；当时的清军总共的兵力不过20万人。要想在辽阔的中原打败诸多对手，简直就是自不量力，况且清朝政府刚刚迁都，人心未稳，弄不好还会造成顾此失彼的局面。

　　这个问题成为大清王朝的最大困扰，多尔衮审时度势，机智灵活地采取了迂回的作战方针，兼以对南明政权采取怀柔政策，不但让南明政权放松了警惕，而且成为大清的同盟军。这样大清便集中力量打击农民军。这场战争下来，多尔衮在政治上和军事上都占得了先机。顺治元年七月，多尔衮最终击败以李自成为首的农民军，清朝后方亦趋稳固。此时，多尔衮经过对时事的认真分析，认为消灭明朝的时机已经到来。于是，集结全国的大军，发动了对南明的进攻。当清军在南方的高压政策和暴行受到南方人民的一致反抗时，多尔衮又采取了

以迂为直的战术,派出明朝的降将、汉人的饱学之士洪承畴在江南进行招抚。到了顺治五年,多尔衮最终以他的谋略和气魄,基本上奠定了清王朝在全国的统治。

不管是大事小事,在执行的时候总会遇到一些曲折或者弯路,要想赢得胜利,就必须懂得迂回方针。特别是在与强敌进行交锋时,迂回方针运用得是否高明、精到,往往决定了你能否在短时间内掌握战争的先机。所以说,当你遇到弯路的时候,不要盲目地陷入慌乱或者冲动中,而是要平静下来,学会观察和变通,这样才能想到更好的解决办法。

俗话说:"变则通,通则久。"当我们面临一些暂时没有办法解决的事情时,我们不应该在一个死胡同里不知道回头,不能死磕更不能死钻牛角尖,而是要学会应变,此条路不通那就换另一条路。只有抓住更好的机会才能找到更好的解决办法。生活也是这样,它不可能是一直顺畅,不可能没有阻力也没有对手,而是一直都充满了崎岖和转折。因此,不管是在生活里,还是在职场上、生意场上或是其他任何领域,我们都应保持一种理性、沉着和冷静的心态,有享受胜利的心态,也要有承受打击和失败的准备。

# 第二章　提高你的克制力

认识到愤怒的害处，控制自己就容易很多，不把自己置身于不利之地，先要学会正确的处事态度，一切以解决问题为重。因愤怒而干傻事的人是愚蠢的，也是会遗笑于人的。

## 不同的态度决定不同的结果

在现代,态度决定成败不只是一句时髦语,而且,也颇具哲理。因为不管是在过去,还是在现代,态度影响或决定成败的事例不胜枚举。下面,我们先看一个中国古代的例子。

楚汉相争中,刘邦由于势力较弱,经常吃败仗。汉四年,刘邦兵败,被项羽围困在荥阳。

他的大将韩信自领一军,北上作战,且捷报频传,接连攻下魏、代、赵、燕诸王国,最后又占领了齐国全境。

在攻占了齐国后,韩信派属下来见刘邦说:"齐人狡诈反复,齐国又与强楚为邻,如果不设王威慑,不足以镇抚齐地,请大王允许我暂代齐王。"

刘邦一听,勃然大怒,破口大骂:"我坐困荥阳,日夜盼望你韩信带兵来增援,你不但不来,反要自立为王!我……"此时的刘邦全然没有了风度,把自己的本性暴露无遗。

正骂着,刘邦感到自己的脚被人狠狠踩了一下。他发现坐在边上的张良向他示意了一下,便止住了下面的责骂之词。

张良清楚地知道韩信是当世首屈一指的将才,时下又拥有强大的兵力,处在举足轻重的地位上。刘邦如与韩信翻脸,会对自己大大不利;反之,如果能调动韩信的兵马,就能重创楚军,使楚汉对峙的局面向有利自己的方向转变。

因此，张良靠近刘邦，悄声说："大王，韩信手握重兵，右投则大王胜，左投则项羽胜。我们对他的要求要慎重考虑。此时，你千万不要使性子。"

刘邦气还未消，冲着张良说："那你说怎么办？难道就被这小儿挟持不成？"

张良说："现在我们正当危急时刻，弄翻了关系，他自立为王，我们也毫无办法。逼急了他，他一旦与项羽联手，大王的大事危矣！不如趁势正式立他为王，调动他的军队击楚。如果不迅速决断，迟则生变！"

刘邦毕竟是非常聪明的人，听了张良的话，马上恢复了理智，为了让别人辨不出真伪，他仍接着刚才气汹汹的口气骂道："男子汉大丈夫，要做齐王就做真齐王，做什么代齐王！"

刘邦当即下令派张良为使节，带着印绶到齐地去，立韩信为齐王，并征调韩信的军队。局势很快发生重大转折：汉军由劣势向优势转变，逐渐对楚形成了包围之势。

后来，刘邦终于在垓下全歼楚军，赢得了战争的最后胜利。应该说，刘邦的胜利在于对自己的情绪或态度的控制上。

下面再看另一个例子：

明朝年间，有一位姓尤的老翁开了个当铺，有好多年了，生意一直不错。一年年关将近，有一天尤翁忽然听见铺堂上人声嘈杂，走出来一看，原来是站柜台的伙计同一个顾客吵了起来，伙计见老板出来连忙上前解释说："这人前些时典当了些东西，今天空手来取典当之物，不给就破口大骂，一点道理都不讲。"那人见了尤翁，仍然骂骂咧咧，不讲任何缘由，尤翁却笑脸相迎，好言好语地对他说："我晓得你的意思,不过是为了度过年关。街坊邻居,区区小事,用得着争吵吗?"于是叫伙计找出他典当的东西,共有四五件。尤翁指着棉袄说:"这是过冬不可少的衣服。"又指着长袍说:"这件给你拜年用。其他东西现在不急用,不如暂放这里,棉袄、长袍先拿回去穿吧!"

那人拿了两件衣服,一声不响地走了。第二天一早,一个伙计就跑来告诉尤翁,昨天到这闹事的顾主夜里死在另一人家里。

原来这个人欠了人家很多债,无法偿还,走投无路,事先已经服毒,知道尤家殷实,想用死来敲诈一笔钱财,结果受到尤翁的礼遇,他不忍心祸害尤翁,于是他只好到另一家去扯皮,那家人不肯相让,结果就死在那里了。为此,死者的亲属同那人打了一年多官司,害得那家花了不少冤枉钱。

后来有人问尤翁:"你怎么能有先见之明,容忍这种人呢?"尤翁回答说:"凡是横蛮无理来挑衅的人,一定是有所恃而来的。如果在小事上不稍加退让,那么灾祸就可能接踵而至。"人们听了这一席话,无不佩服尤翁的见识。

中国有句格言:"忍一时风平浪静,退一步海阔天空。"不少人将它抄下来贴在墙上,奉为处世的座右铭。这句话与当今商品经济下的竞争观念似乎不大合拍,事实上,"争"与"让"并非总是不相容,反倒经常互补。"让"不仅是一种美好的性格,也是一种宝贵的智慧。

## 培养一个好性情

一个人的性情就是一个人在对人、对事的态度和行为方式上所表现出来的心理特点。比如：喜欢、厌弃；宽容、严苛；热情、冷酷，等等。好性情是让人容易接受的，比如，待人宽容、热情、仁爱等。培养一个好性情是提高一个人涵养的重要方面。

人们经常犯的一个错误是：忘记思绪和身体是密切相关的。身体长期疼痛会对人产生不利影响，包括情绪低落、易怒、想要独处，这是众所周知的事情。但是当你在殚精竭虑控制愤怒的时候，这个事实就很容易被忽视。

可以说，这时候你自己可能是浑然不觉，但与你熟悉的周围人都会察觉出来，因为你的面部表情和动作会透露你的真实感受。你的言辞和讲话方式——语调、音量和速度——是你传递出的信息的一部分。身体的姿势、动作会透露出你的态度和情绪。

打牌打得好的人深谙"不露声色"的重要性，因为你的任何无意识的动作或信号都可能让对手识破你的"伪装"。在可能触发愤怒的形势里，竭力控制你传递的愤怒信号和行为，不向对方透露你的有关想法、感受、计划等"内部信息"。设法改变你传递的信号可以帮助你避免从挑衅攻击型愤怒转向消极攻击型愤怒，但是这两种愤怒都不利于你的好性情的培养。

愤怒外露是为了有意识或下意识地控制形势，因此留意你的表情和言行可以帮助你用坚定自信的技巧说出你想说的话。你可以控制自己想要透露给别人的信息。另外，心理学的研究成果证明，只需将表情从皱眉或愤怒调整为中性，甚至微笑，你就可以让你的心态在你面对的情景中产生镇定效果。

人在愤怒的时候，身体就会紧张。这是体内化学物质分泌水平的变化产生的正常反应。人在愤怒时讲话之所以会表现出各种情绪，高声喊叫或冷言冷语、表情冷淡或咄咄逼人等，是因为喉咙和胸部的肌肉会发紧，改变你的声调。

用心让自己表现得礼貌、随和，至少可以让你在面对形势、解决问题之初获得主动。

谈论你的情绪，而不要带着情绪说话。在愤怒情绪出现时也要注意自己的语气，不要竭力抢着说话，不要提高音量。

实践证明，在一半以上的争论中，一个人或更多的人会因为情绪激动口不择言，因语言过激使矛盾升级而树敌。

因此在与人争论时，每句话都要三思之后再出口，只说那些有依据的事实，而不是漫无边际的夸张之辞。例如，不要高声说："你总是迟到，你怎么干什么什么不行！你根本就是一个不负责任的人，难怪你的前妻要和你离婚。"认真考虑你真正想说的话。你是想要说你不想再和他见面了，还是想要他知道你是多么生气和失望？如果是后者，那就直接把你的感受告诉他——用平静的语气告诉他。如果你只是在气头上，感觉很痛苦，那么不妨暂时让自己冷静一下。出去走一走，等到你考虑好应该说什么而不是怎样报复对方的时候，再回来和对方交流。

生别人的气很正常，你认识的人最可能惹你生气。保持头脑冷静有助于面对触发你怒火的情形，有利于维护你的声誉和过后的自我感觉。

多数情况下，以怒对怒的结果不会给你带来任何好处！虽然愤怒

情绪提示你有问题需要解决,但是认为每一个问题、形势或不快必须立刻直接解决,是我们愤怒时容易落入的陷阱。我们只需选择暂时离开就可以避开这个陷阱。

出去待一会儿,或暂时离开触发不快或愤怒的形势,不等于回避问题。离开的时间虽然不长,但足够让紧张的身体放松,让自己清楚应该做什么,设法解决眼前的冲突或争论。在和孩子打交道时,中间离开可以让他们无法在你面前耍脾气,同时也给你自己一个"降温"的机会。起身泡一杯茶,找点别的事情做——可以通过很多方式让自己暂时离开紧张形势。

采用"中场休息"技巧,暂时放下手头的工作离开一会儿,等到愤怒情绪完全平静下来再回来。

还可以采用分散自己注意力的做法。

感到生气的时候,赶快做点别的事情。做一件棘手事情之前,先去做其他事情可以让你的注意力离开惹你生气的事情。例如,当你想要愤怒地重击电脑键盘的时候,起身去泡一杯茶。

运用"停止"技巧。

当你注意到身体层次上愤怒的早期迹象时,提醒自己立刻停下来可以将精神和身体联系起来。在心绪平静时,记住"何苦呢?"或"我才不让这事影响我的情绪呢"。也可以想象凉爽、湿润的绿草,或者打断你的冲动想法,甚至让自己笑一笑。这些都可以缓解愤怒,不让它爆发。

在愤怒时回避或避开触发愤怒的形势,是很不错的权宜之计。比如:转换一下话题。告诉对方,等大家情绪平静之后,再谈论相关的问题。离开眼前的形势,去做别的事情。

在与对方未取得某种共识之前,不要提及敏感话题。

最后,如果自己是一个爱发脾气的人,可以给自己准备一张红色卡片和一张黄色卡片，如足球裁判拿的那种，放在自己的兜里。

一旦发现生气或恼火的第一个预警信号，立刻停止手里的活儿去找那张黄色卡片。触摸即可——没有必要让其他人知道，或将它放在自己可以看到的地方。这样做是在打断自己的愤怒思绪，以免让自己退回到原来的愤怒习惯中。总之，要想在生活中、工作中让自己少生气或不生气，培养一个好性情，不失为一个好选择。

## 对不同的情结既善改变又善适应

引发自身情绪的既有自身的原因，也有外来的原因。对自身的，即已经惹上身的情绪，我们要善于改变，而对外在环境及他人造成的情绪问题，我们则要善于适应。

在现实生活中，我们常常会因为别人的一个眼神、一句笑谈、一个动作而心生不安，思虑重重，甚至寝食难安。这就是我们不善于适应外在情绪的原因。

我们无法左右他人的言论，何况大多数喜欢对别人评头论足的人也的确没有什么恶意，只是随便说说而已。对于别人的评价，我们完全可以采取不介意的态度，更没必要为之生气。

在一次联谊会上，海曼认识了一位名叫凯什的男士，凯什帅气且文雅，两个人一见如故，聊得很投机，分手的时候互留了联络方式，都期望再次见面。

一周后，海曼主动给凯什打了电话，并留了言，但迟迟没有回音。海曼把这事告诉了好友，朋友听后嘲笑她是个大傻瓜。"现在的男人都是'花心大萝卜'，到处拈花惹草，没有几个是可以信赖的。你呀，还是别那么执着了。"朋友劝她只当作是一次与陌生人的搭讪算了。

海曼没有像大多数女生那样因为朋友的一句话就怀疑自己的判断力，担心自己是否真的遇上了一个"花心大萝卜"。一个星期后，海曼又给凯什打了个电话，还是没人接。但是海曼仍没有生气，她冷静地做了进一步的分析，从凯什的谈吐举止来看，他并不是那种轻浮的人，海曼相信自己的直觉。至于他没有回电话，或许是因为有事出去了，也可能是因为忙得抽不开身来。

一个月后，海曼再次拨通了凯什的电话，他们终于联络上了。凯什对此事非常抱歉，而且表现出了无比的内疚。他告诉海曼，因为工作关系，那次宴会后他就去外地出差了。后来他们俩的关系进一步发展，最终成为伉俪。

从这个例子来看，要是海曼为这点意外的情绪、愤然便与凯什诀别，岂不是很可惜？或者因朋友的言论，整日为遇上一个"花心大萝卜"而愁苦，岂不是自寻烦恼？人言可畏吗？不，可畏的并非人言，而是我们不善于适应的心态。当我们坚定了自己的信念，也就不会因此而愤愤然了。

许多年前的美国实业家菲尔德，他曾率领工程人员，准备用海底电缆把欧美两个大陆连接起来。许多人为他的壮举欢呼，大家称他为"两个世界的统一者"。那时，他一度成为美国最受尊敬的人。

但就在盛大的接通典礼上，刚被接通的电缆传送信号突然中断，人们的态度来了个180度大逆转，之前的欢呼声立刻变为愤怒的狂涛。对于这些，菲尔德只是淡淡一笑，不做任何解释，只管埋头继续苦干。

终于，在经过多年的努力后，欧美大陆之桥最终通过海底电缆被架起，在庆典会上，菲尔德没有上贵宾台，只远远地站在人群中观看。对于诋毁和荣誉，他都表现得很淡然。

菲尔德不仅是"两个世界的统一者"，而且是一个理性的人。面对常人难以忍受的讥讽时，他通过自我心理调节，屏蔽了所有可能影响到心情的不愉快，只是潜心钻研。最终的成就不仅仅是沟通了两个世界的联系，更主要的是他战胜了自我。

当别人对你的所作所为评头论足、说东道西时，你完全不必在乎。你最需要做的，一是改变，二是适应。如果你太在意反对和讥讽的声音，你就掉进了泥潭，再也上不来了。

过度在意别人的言语，只会徒生烦恼。而且当你被那些评论搅扰到自己内心的时候，你向前迈进的勇气也会渐渐丢失。

## 善于化解愤怒

生气让人很难受，这有来自心理上的，也有来自身体上的。但是，生气是自己的事，所以，要让自己不难受，应善于化解愤怒。

古希腊哲学家伊比克特斯早在两千多年前就说过："你的思想可以将你带入困扰与烦恼之中，同样，你的想法也可以将你从中挽救出来。"的确，想要愤怒远离你的生活，最好的办法是自己采取行动，这是因为生气的不是别人，也不是外界环境中的困难，而是你自己。别人或生活中的困难可能会让你有不愉快的感觉，可是让你产生愤怒的，是你对别人的做法，或者你对自身生活中困难的非理性想法。

什么是非理性想法，我们以一件生活中遇到的实例来说明。假设你和一位修理工约好，在某日上午到你家来修理漏水的水管。为了这件事，你请了假。修理工向你保证，一定会在你们约好的时间准时到达。结果，那一天，你在家里等了一上午，他却没来，而且也没有和你联系或做任何说明。

发生了这样的事，你可能会觉得自己天经地义地有理由生气，因为错误在他，而且给你造成了损失，为了修理水管，你可能还要再请一天假。所以你越想越生气，恨不得揍他一顿。结果在接下来的时间里，你满脑子想的都是如何让这位不讲信用的人付出代价，以至于什么也干不下去。究竟是什么让你这样气愤？恐怕你在这样想："已经说好了，结果却没有来，这个人真是不守信用。这真让人生气。"

其实，你这样的理由正源于你内心里的一个观念：他绝对不应该这样不守信用，尤其是在他答应你之后。你实际上是在要求别人遵循你的规则，而且也不给别人任何改变的权力。这就是你内心深处暗藏的非理性想法。说这种想法是非理性的，是因为在现实生活中，人和环境都是随时变化的，在这期间，修理工可能会突然遭遇不测，或者是他遇到比与你约定的事件更重要、更迫切的事，但又来不及通知你。

而对于这件事，如果你用理性的态度来对待，你可能会想：因为他的失约，不管是什么原因都造成了我的不便和损失，他真是一点职业道德都没有。这种想法比较符合实际情况，你有权对他人所造成的损失感到不高兴、感到不快。因为他的过失造成了你的愤怒，会促使你去找他，要求他向你解释失约的原因，如果还要求他修理的话，可以要求他降低收费，以偿你因请假而被扣掉的工资。这样的话，你对于所遭受的意外情况就是一种理性的反应，这种反应会让你有适度的不高兴的情绪，而且会促使你采取某种建设性的行动，以一种合理的方式来保护自身的利益，而不是气冲冲地指责他失约。

说到此，你可能已经明白了：不是外界的事物让你愤怒，而是你自己的非理性想法让你愤怒。

所以，要想彻底地远离愤怒，控制自己的情绪，最重要的是调整自己的思维方式，采用一种对事物做出积极反应而不是消极反应的思维方式。

在你生气的时候，多想想客观因素的影响，分析一下是什么样的观念引发了你的愤怒，并且思考它是不是有道理。如果是非理性的观念，你有必要进行一下自我反思，直到你确立了正确的认识为止。

这样，你就不仅在控制愤怒，而且是在消除它产生的基础。如果你能够坚持下去，养成新的积极的思维方式的话，你将发现自己越来越难发怒。这时，你会享受到平静、快乐的生活。

## 能制怒方可制势

无论是在谈判场合还是在平息事态的场合，一个决策者如果不能很好地控制自己过激情绪的产生，那他一定控制不了场上的局势。

美国前总统麦金莱就是一个处理问题的高手，他惯常采取的办法都是"后发制人"。一次，有几位代表因总统指派某人为收税的经纪人而来抗议。其中领头的是一个议员，身材魁梧的大块头，脾气很暴烈。他用愤怒的口气责问总统，差不多用的是侮辱的词汇。但是麦金

莱毫不作声,脸色也不变一变。在那人泄尽火气之后,他才很平和地说:"现在你觉得好些了吗?"继而接着说:"照你所说的这种言词,你实在是无权晓得我何以要指派某人,不过我还是告诉你。"

那议员的脸马上红了,想道歉,但是总统又换上一副笑脸说:"无论什么人如果不晓得事实,总是容易被弄得发狂的。"然后,他解释了其中的事实。

麦金莱总统这种冷静而带讽刺的答复,足以使这位议员觉得自己用这种粗暴的语言是错了,而这次的指派或许是对的。麦金莱的这种聪明的应对,使那位议员哑口无言甚至是无地自容。

这个议员回去报告他交涉的结果时,只说了句:"伙计们,我忘了总统所说的是些什么,不过他是对的。"

麦金莱总统以异常的冷静制止了自己内心的愤怒,也征服了暴怒的对手。麦金莱是明智的,他具备自制的美德,而这种美德是最难得的。试想当被别人骂得狗血喷头时,面对发怒的对手和那些粗鲁而含有侮辱的言辞,又有几人能心平气和甚至微笑相对?能做到这一点的实在没有多少人。自制使人冷静。而冷静往往胜于暴躁和狂热;冷静也往往能征服暴躁和狂热。发怒使人做出一些不合理也不理智的事来,而完事之后又会使人陷入无尽的悔恨。被人激怒无异于是被人推入了一个插满尖刀的陷阱里,落入这个陷阱是愚蠢的,而且是自找的。随意发怒是傻瓜才会干的事;发怒的结果,总是以害己而告终。而且向一个对你的愤怒毫无反应的人发怒,实在是毫无意义的事。这就是为什么那个领头的议员感到惭愧并且屈服的原因了。而你若能制止住自己的发怒,就能证明你的正确和高人之处,相形之下,你的对手便无能为力了。行动上的冷静不仅使自己更理智,也会使对方冷静下来。由此可见,在生活中,要制服一个愤怒的对手,并让他心服口服，没有比冷静的自制更有效的方法了。

美国前总统卡特，在谈判时所表现出的超强的自制力很让属下心悦诚服。

一次，他为让以色列和埃及谈判，把双方领导人请到戴维营去。

戴维营的生活十分单调，以至以色列总理贝京和埃及总统萨达特都感到十分厌烦，但又不得不应付每天长达10个小时的谈判。

每天早晨，萨达特和贝京都会先后听到敲门声。卡特总是这样说："嗨！我是吉米·卡特，请你们准备开始烦闷的长达10个小时的会晤吧！"

到了第13天，双方签署了和平协定。

和平协定的签订，尽管原因很多，但卡特总统的自制力是一个重要的因素。面对着烦闷而冗长的谈判，常人恐怕早已厌倦甚至为之恼怒了，但那样恐怕早已把事情弄糟，和平协定是否会流产就很难说了。历史的重要关头，领袖人物的品质往往起着很关键的作用。卡特总统的冷静与自制促成了一项重要的和平协定的签署是很令人敬佩的。在谈判中自制可以避免直接冲突，不致因意见分歧争论不休而伤了彼此的感情。冷静地暂停一段时间，给对方留出一些适应时间，以便对方对你的意见能慎重地加以考虑。如果你急于达成协议，对方掌握了你这种心理，可能会提出苛刻的条件；反之，你不急于达成协议，看来好像无所谓的样子，对方反而有可能降低要求。深谙此道的卡特总统自如地运用了冷静自制的武器，使双方逐步趋于和解与理智，最终达到了问题的完满解决。

# 通过调解心理来管控情绪

戴尔·卡耐基说:"学会控制情绪是我们成功和快乐的要诀。"

在日常生活中,我们每天都被情绪左右。好的情绪能让我们一整天都神采奕奕,做什么事都能全神贯注、有极高的工作效率与热情;坏的情绪却让我们经常走神、做什么事都心不在焉,还常常抱怨之声不离口。

按照心理学的解释,情绪受控于心理。因此,如果想让自己不产生坏的情绪,就要首先培养起一种积极、健康、向上的心理,也就是培养自己体内的正能量。人体的能量有正负之分,正能量就如适当的阳光和水分,滋养你、温暖你,在你经历磨难的时候,它能够鼓励你,成为你力量的源泉;负能量就如黑暗的阴影,让你的心灵无法成长壮大,渐渐扭曲枯萎,即使在顺风顺水的时候,它也会让你觉得不安、心灰意冷、了无生趣。所以人人都希望自己能有好心情,害怕被坏情绪纠缠。

情绪应该受到理智心理的支配,才能发挥它的正面功效,否则,它会让你心中最暴躁、阴暗、不安、沮丧的部分,挥之不去地纠缠你,这些情绪又会对你的行动产生影响,让你不能冷静地思考问题、不能合理地安排生活,甚至会影响你的前途。随时被坏情绪支配的人总是散发着负能量,接触他的人也会遭殃。

现实中有很多这样的例子:

刘洪在一家外贸公司工作,因为工作的关系,他经常和同一部门的另一业务组的组长王凯发生争吵。刘洪是个烈性子,每次讨论方案,稍遇与自己相悖的意见就会气得拍桌子,经过一年的争吵,刘洪变得有点儿神经质,他成了王凯的监控者,监控着王凯的一举一动。

刘洪与王凯都是组长,他们两个的小组经常发生竞争,争方案、争客源。刘洪总是觉得王凯抄袭自己小组的创意,经常为此向上司打小报告。一开始,王凯还与刘洪争辩,后来,连上司都批评刘洪疑神疑鬼。

随着时间的流逝,刘洪的这一情绪不但没有减弱,反而进一步升级,在他看来王凯的一举一动都是在与自己做对,王凯做的每一件事,他都觉得是在针对自己。终于有一天,刘洪忍受不了这种折磨,主动找上司谈话,上司说:"你和王凯是竞争对手,盯着对手的一举一动是正常的,但你这样的情绪化已经过分了,你需要好好调整一下自己的情绪,否则,你就调离吧。"

生活中,人们遇到的事情千头万绪,受到情绪的影响也是难免的。但当不良的情绪滋生时,如何正确地控制这些情绪将关系到自己的工作和事业,以及自己的身心健康。心理学家的研究表明:当我们受到不良情绪侵害时,如果压抑自己的想法与情绪,藏在心里,并不利于身心健康。这种方式常常会让人产生压抑感、低度沮丧感以及疲惫感或习惯性头痛;而如果针锋相对,一味地生气下去,则容易产生更多的情绪问题。

此时最正确的方法应该是:调整自己的心理,看淡名利,理解和宽容对手。如果此时能让自己的心里没有私心,没有敌人,情绪就会

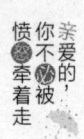

逐渐平静、淡化。当然，在调整自己的心理之前，需要对心理调整的目的有一个清晰的认识，并掌握调整的技巧。

首先，要知道调整心理是对情绪的一种回避。如果有需要，应当将你对对方的不满、生气等情绪以正确的方式表露出来，让激起你怒火等不良情绪的人知道，他们的行为使你不满，这样才能让他们停止这样的行为。而且，这种做法能够及时排解涌向你心头的那股情绪能量，对你的身心是有好处的。

表露你的心迹很容易。但你需要掌握一定的技巧，把脾气与情绪表露在正确的人身上，用恰当的程度，在恰当的时间，为正确的目的。

其次，调整心理，要在心里消除敌意。有人曾细心观察过两只鸭子争斗的过程。两只鸭子在水中戏水时发生了争斗，然而它们在短暂的冲突之后会分开，然后往相反的方向游去，并不约而同地用力振动几次它们的翅膀，以释放刚才打斗时所累积的多余能量。之后，它们会继续安详地在水面上漂流，好像刚才什么事都没有发生一样。可见，如果能够很快地从不良情绪中摆脱出来，将情绪释放或转移，压力就不会存在。

第三，调整心理，要有意压制住情绪，但绝非压抑。据调查发现，易怒的孩子不会被别的孩子认可，而爱生气的成年人则缺乏社交魅力。这说明，把情绪表现出来要付出一些代价，愤怒的行为和言语会毁掉我们精心经营起来的友情的家园，可能是暂时的也可能是永久的。

所以，如果你有一定的承受能力，并且发生的事情不值得你去动怒，那么最好不要随意表露出针锋相对的情绪，或者尽量按照有益的方式行事，尽量不攻击激怒自己的人。只要能够控制引发愤怒的局面,只要不是痛苦地坚守自己的愤怒,而是把它看作一种需要纠正的不满情绪,只要敢于对自己生活中的人和事负责,就应当压制住自己的愤怒不让它爆发。

压制不等于压抑,其差异在于自己的意识。例如,你如果因为不想引起争端而下意识地忍下怒气,这叫压制;如果你从七岁起就对父亲敢怒不敢言,无意识地将怒气藏起来,这叫压抑。

最后,调整心理,就是把激怒你的人和事分开对待。你要试着去了解这个人为什么要激怒你,体会他的感受,集中思考是什么使他生气。这样做时你便能够以"同理心"站在对方的立场上考虑问题,从而找到妥善的解决问题之道。不过,这并不意味着不能告诉他你的不满,而你的愤怒是指向他的行为而不是他个人。

如此,相信任何坏情绪都不可能再缠上你。

## 不要让坏情绪左右

生活中,因为某事的影响一个人发火动怒是常有的事。愤怒情绪不是不可以有,如果当一个国家受到外族侵略的时候,不但会一个人愤怒,甚至一国的人都会义愤填膺。而问题在于,愤怒是在什么问题上,是不是值得?是不是符合度,特别是对于不该发的怒你能否对其进行有效的控制。若你是一个欲成大事者,你就应该注意了,能不能消除愤怒情绪与你的情绪控制能力有关。

其实,并非人人都会不时地表露自己的愤怒情绪,愤怒这一习惯行为可能连你自己也不喜欢，更不用说他人感觉如何了。因此，你一定要尽量去远离它，它不能帮助你解决任何问题。任何一个理性、有所作为的人都不会与它结缘。

如里你选择了愤怒并让它成了你的一种习惯。那就标志着。你是在以自己所不欣赏的方式消极地对待与你的愿望不相一致的现实。事实上，极端愤怒是精神错乱——每当你不能控制自己的行为时，你便有些精神错乱。因此，每当你气得失去理智时，你便暂时处于精神错乱状态。

同其他所有情感一样，愤怒是大脑思维后产生的一种结果。它不会无缘无故地产生。当你遇到不合意愿的事情时，就告诉自己：事情不应该这样或那样，于是你感到沮丧、灰心；然后，便会本能地做出愤怒的反应，因为你认为这样会解决问题。所以，你总是习惯地接受愤怒情绪而不去改正。

但只要你不去改正，你的愤怒情绪就会妨碍你做好事情。成大事者是不会让愤怒情绪所左右的。历史上有好多这样的例子，他们中能压下怒火的大多就能成功，而在怒气的冲动下所做出的行动都是以失败收场的。请看下面的例子：

在三国时期，刘备的二弟关羽失守荆州，败走麦城被吴国所杀，此事激怒了刘备，于是决定起兵攻打东吴为关羽报仇，这完全是一种冲动之举，实在是因小失大。正如赵云所说："国贼是曹操，非孙权也。宜先灭魏，则吴自服，操身虽毙，子丕篡盗，当固众心，早图中原……不应置魏，先与吴战。兵势一交，不得卒解也。"诸葛亮也上表谏止曰："臣亮等切以吴贼逞奸诡之计，致荆州有覆亡之祸；陨将星于斗牛，折天柱于楚地，此情哀痛，诚不可忘。但念迁汉鼎者，罪由曹操；移刘祚者，过非孙权。窃谓魏贼若除，则吴自宾服。愿陛下纳秦宓金石之言，以养士卒之力，别作良图。则社稷幸甚！天下幸甚！"可是刘备看完后，把表掷于地上，说："朕意已决，无得再谏。"执意起大军东征，最终导致兵败。

从上面的事例中，就可看出，在关键时刻是不可以让怒火左右自己的情感的。尤其是对于一个决策者来说，必须要具备掌控情绪的能力，不然你会为此付出代价。一害自己，二害他人，甚至是集体和国家。

## 做情绪的主人

被誉为20世纪最伟大的心灵导师和成功学大师的戴尔·卡耐基经常向他的学员们强调这样一句话："学会自我调节情绪是我们成功和快乐的要诀。"在日常生活中，我们如若能游刃有余地驾驭自己的情绪，做情绪的主人，相信我们的生活就只有快乐而没有忧愁。

学会调节情绪，保持良好情绪对每个人都是至关重要的。法国的浪漫主义作家大仲马曾经说过："你要控制自己的情绪，否则你的情绪便控制了你。"

我们举个耳熟能详的美国石油大亨的例子：美国石油大王洛克菲勒曾经打赢了一个官司，而赢的原因，不仅源于他能控制自己的情绪，更是对方律师的"坏脾气"拱手让出的。

在法庭上，对方的律师态度不仅恶劣，还不断地羞辱洛克菲勒，企图惹恼洛克菲勒。但是极富理性的洛克菲勒没有落入他所设的陷阱，而是一直保持令人惊奇的冷静心态。最终，对方的律师反倒被自己的粗暴态度和激动心情所控制，说漏了嘴，讲出了真相。其实根据手上的资料，对方的律师完全可以打败洛克菲勒，但是他却被自己的坏情绪所打败了。而洛克菲勒不仅赢得了官司，还在美国人眼中留下了一个很优雅的形象。

可以毫不夸张地说，学会控制和调节情绪不仅是我们事业和成功的需要，也是生活中一件必须予以关注的大事。

在中国历史上，楚汉相争时，刘邦的父亲被项羽五花大绑，拉到阵前。项羽威胁刘邦要将他父亲剁成肉泥，煮成肉羹吃掉。其实这是项羽有意在刺激刘邦，让他处于要父亲还是要江山的两难中，如果想救父亲就必须主动投降。

然而，刘邦没有被项羽给的压力情绪所蒙蔽，他凭着理智战胜了恐惧、担心、内疚等一切情绪，并对项羽说："我曾和你结为兄弟，因此，我的父亲也是你的父亲，如果你要杀咱们的父亲，可以给我分一杯肉羹。"此言一出后，项羽被刘邦的冷静心理和安定情绪所震惊，一时不知道怎么回应，只能收回了决定。

刘邦不仅用良好的情绪救了他父亲的命，还成就了自己的千秋伟业。刘邦一向是个冷静、不会感情用事的"大丈夫"，可以说他的成功与他善于控制自己的情绪是分不开的。

情绪是我们内心世界的"窗口"，可以最直观地表现出我们的内心情感。情绪有不稳定性、阵发性和多变性，所以人总有情绪化的时候，或是为一件事愤怒，或是为一个人悲伤，或是为自己的失败而难过。总之，这些情绪都是我们无法避免的。无论是喜悦的、忧伤的、满意的、不满意的，我们都要学会勇于接受，生活本来就是丰富多彩的，我们无法改变环境和存在的规律，那就学会改变自己，调节自己的情绪让自己更好地去适应。

学会调节情绪不仅可以避免一些糟糕的状况出现，使我们本来就感到很棘手的事又雪上加霜，更可以完善我们的性格，让我们养成良好的行事为人习惯，还可以保护我们的身心不被疾病所侵蚀。

调节情绪的方法有很多，我们不仅要学会，更要懂得选择最适合自己的一套方法，并学以致用，在关键的时刻掌控住情绪，走好自己的人生之路。

一个善于掌控自己情绪的人会有意识地去压抑和宣泄自己的不良情绪。

一个能做情绪主人的人了解自己的"脾气"，让它以最好的方式服务自己。

一个具有良好心态的人，会以一颗平常心品尝生活中的酸甜苦辣，会保持乐观的精神去面对所遇到的重重委屈、不公或打击，失败难过时则放开宣泄，然后重振旗鼓，化悲伤为力量，继续自己的目标。

一个善于掌控自己情绪的人会在"天时地利人和"的最好时期坦露出自己的真实内心。正如亚里士多德所说："你可以有情绪，可以发脾气，但要在适当的场合，向正确的对象，在合适的时机，用恰当的方式，因为公正的理由，少了哪一条，你都要控制自己的情绪。"

一个善于控制自己情绪的人懂得换位思考，懂得尊重别人，不为自己树立对立面，懂得与人为善。

　　一个善于调节自我情绪的人，可以做到在任何时候都提醒自己"不以物喜，不以己悲"，在尘世中宠辱不惊、淡泊宁静，在纷扰的俗世中，为自己创造一片心灵的宁静之地。

　　当然，学会调控自己的情绪并不是说要我们感情淡薄，总是事不关己，麻木不仁，永远做世外人，而是既要有放开的心态，又要有理性的处世原则，不能做一个任性之人。

# 第三章　易怒是人性的弱点

在生活中，常见到有人在受到一些外来刺激的时候，就表现得暴跳如雷、血脉贲张。从表面上看，这个人可能是一个是非分明、刚直不阿的强者。而事实正相反，这恰恰暴露了此人的不自信，及其致命的软肋。

# 让自己多一些谦让

谦让的性情是一个人的优点，而与之相反的斤斤计较，则流露着一个人性情上的弱点，其导致的结果是不容小觑的。比如，随着私家车的增多，因为开车诱发心理问题的人越来越多。对于一个心理弱点较强的人来说，一开车上路，情绪就容易失控：遇到堵车，人家会耐心等待，他却会狂按喇叭；看见行人乱穿马路，嘴里忍不住骂骂咧咧；看到别人没按自己的心意开车时，立刻边骂边指点；一旦被人超车，忍不住较劲飙车，甚至还有打人的冲动。

心理学专家指出：开车容易发怒的人都有控制欲，希望事情都按自己的想法实现。而汽车是最能实现人们控制欲的工具之一，它会彻底听命于你，不会违背你的意志。不幸的是，马路上的所有人和物却不会听你的控制，从而引发你的愤怒。说白了，愤怒的出现完全是因为人性的弱点所致。

小杜是一家公司的白领，上班一年后就买了辆新车，每天开车上班。这原本是一件很开心的事。可他发现一向急脾气的自己，开车时更容易情绪失控。

从家里出发到公司，路上大约需要一个小时的车程，可每次开到一个主要路口，就会被堵住，一堵就是半个小时。这天早上，眼看上班时间就要到了，可自己还堵在路上，长长的队伍中只有他直按喇叭，前车的人听到他催促，把头伸出窗外，骂道："没素质，只有你一个人急吗？"本来那人说得没错，可正在气头上的他，听到别人的斥责，也回敬道："只有你长耳朵了吗？"就这样，两个人对骂起来。

过了一会儿，终于不堵了，他赶紧往前冲。没想到，后面的车也着急，紧贴着他的车身超了过去，险些蹭到他的车。本来心里就有气，又被人超车，他气不过，一脚油门嗖地冲出去，超过刚才那辆车，谁知那辆车也不服气，再次超过他。这样反复几次，他们都因为超速被交警拦了下来，并开了罚单。

事后，他发现，那天超车时，车身被刮掉了一块漆。想一想，真是后悔，如果不是被交警及时拦下，还不知道会发生多严重的事故。

像小杜这种情况，就属于典型的开车情绪失控，有人戏称这种人为"路怒族"。

当开车遇到拥堵时，猛按喇叭或对其他人出言不逊，甚至情绪失控到有打人的冲动，都是一个人心理素质差的表现。

带着情绪开车虽然不是生活的主要内容，可一旦情绪失控，很容易做出一些不理智的举动，很多交通事故就是在情绪的诱导下发生的。那么，如何才能避免开车情绪失控呢？

一、尽量错开高峰期。很多"路怒族"就是因为路上着急导致情绪失控的，如果能错开上下班高峰期，没有堵车自然也就无气可生了。

二、可以听听音乐。堵车时，可以听听音乐或广播什么的，这样心情就不容易焦躁、烦闷了。

三、放松一下神经。可伸伸腰，做做深呼吸。抛开一切杂念，使自己的大脑暂时回避眼前的状况，慢慢获得平静。

四、把车内布置得舒适些。车内环境要经常换，环境不同，心情自然也就不一样。例如，可以改变车内的色彩，用淡绿或浅蓝等冷色调装饰爱车，以缓解紧张的情绪。也可以在车里挂一些让自己心情愉悦的饰物，如笑脸娃娃。开车时心情很重要，不同的心情会有不同的驾驶方式。一旦心情好了，自然会多替别人考虑。当你心情不好或有急事需要赶路时，遇到问题往往会首先考虑自己，这就容易引发急躁情绪。

五、换位思考。堵车已成为城市交通的常态，作为车主，我们改变不了这种现状，唯一可以做的就是学会在堵车时去享受这段时间。不妨换位思考一下，想想路况的现实和管理的难度，这样对别人和现实就会多一分理解和宽容。

总之，如果你是一个常在驾车时产生不良情绪的人，为了避免发生不愉快的事情，有必要让自己引起关注，学会一些抑制坏情绪的方法是十分有意义和必要的。

## 尽量想对方的长处

人性的弱点之一是喜欢找借口，错都是别人的，自己总是对的，别人都对不起自己，甚至是欠自己的。所以，具有这种弱点的人，很难心里没有怨气，也很难不生气。

生活中，记住别人的坏很容易，记住别人的好却很难。有时候，别人因为工作呛了我们一句，我们可能会记恨一辈子，而别人在困境中帮了我们的忙，我们可能转眼就忘掉。别人做了一件对我们不利的事，我们可能会把他之前做过的所有对我们有利的事全部抹杀掉。

其实，你怎样对别人，别人就会怎样对待你。你对别人趾高气扬，别人也会对你恶眉瞪眼。如果你经常看这个不顺眼，看那个也不顺眼，那么你不但交不到知心朋友，反而会树立越来越多的敌人，为自己添堵不说，还会让自己整天都不顺意。

人无完人，什么人也都可能犯错误，甚至做出伤害自己的事，但不应该总抱住这些错误不放，并把别人的错误和缺点无限放大，以致看不到别人的优点，对某些人或者某件事牢骚不断、抱怨不已，以这样的心态对待一切，你的内心永远得不到快乐。

记住别人的好是为人处世应有的品行。只有记住别人的好，你才会觉得人心向善，生活处处是美好的；只有记住别人的好，你才能放下心中的怨恨，保持一种阳光心态。记住别人的好，首先就要忘记别人的不好，这样你才能在与亲人、邻里、同事、朋友的交往中得心应手，避免因利益和观点的冲突，引起不必要的摩擦。

有个女人和自己深爱的男人结了婚，但婚后没多久，女人便感到失望了。因为她觉得丈夫跟婚前判若两人，在日常生活中，丈夫的许多举动包括一些习惯都令她不满意。为此，女人很苦恼，决定跟丈夫好好谈一谈，否则这样的婚姻将无法再坚持下去。

"今天我们都心平气和地指出对方的缺点，然后看看如何改掉这些缺点。"女人对丈夫说。

"好吧，那你先说。"丈夫坐在她对面答道。

女人心中积压了太多的不满，她开始列出丈夫的种种毛病。比如，丈夫非常粗心，不像婚前那样对自己照顾得无微不至；丈夫太懒惰，家务事从不主动去做；丈夫的心多是在外应酬，对她冷淡了；她还埋怨丈夫炒的菜难吃，洗衣服时洗不干净。

说到这里，她看到丈夫眼里闪着泪花。本来她还要接着说下去的，看到这情形，不由心一软，说："轮到你了。"可丈夫摇摇头说："我没有要说的，我觉得你没有错。"听了丈夫的话女人有点难以置信："怎么会没有呢？"

丈夫肯定地说："真的，我从来没有认为你有什么错。上天把你这样好的媳妇儿赐给我，我谢还来不及呢！我觉得你什么都好，既美丽又可爱。我总是想，如果有来生，我还愿意娶你为妻。"

"但是我非常任性。"

"不，那是你在撒娇。"

"我有时蛮不讲理！"

"不，那是我错了，你在坚持自己的原则。"

女人惊呆了，她突然觉得自己很可笑，她依偎在丈夫的怀里，感到幸福极了。

同样的一个人，婚前婚后却出现很大的心理落差，是因为恋爱时在荷尔蒙的影响下，眼里全是对方的优点，婚后在柴米油盐的催化下，对方的缺点开始显现。很多人将其归咎于对方变了，其实对方根本什么都没变，而是你的心态变了。婚前眼里只有对方的你，婚后开始变得挑剔。只要你像婚前那样，记住对方的好，婚姻中就会多一些幸福，少一些矛盾。

夫妻之间如此，同事和朋友之间莫不如此。茫茫人海中，能够互相认识是一种缘分，我们应该珍惜这缘分，时刻保持一种阳光心态。有人说，人际交往中要学会做加减法。所谓加法，就是记住别人的好，放大别人的优点；所谓减法，就是忘记别人曾经对你的伤害。做到这一点，你就能在纷繁复杂的社会交往中如鱼得水，成为人生的赢家。

这句话讲的很好，希望我们都能以这句话来不断地提醒自己。

第三章 易怒是人性的弱点

## 愤怒的中枪者多是弱者

许多生活实践证明,被愤怒情绪缠绕的人多是一些具有人性弱点的人。比如,"自闭症"者,"抑郁症"者,等等。对于具有这些人性弱点的人,他人很难走近他们,也很难与他们交流。曾轰动一时的马加爵案,在这方面给我们的启示是深刻的。

马加爵生性敏感,从小性格就内向,不大喜欢与人交往,也没有多少朋友。从小学到高中,学习成绩都很好,唯一的爱好是打篮球。可以说,年少时马加爵一点也没有未来要犯罪的倾向。

1997年,马加爵就读于广西的重点高中宾阳中学。这个时期,马加爵显得更加内向,虽然与同学的关系还算融洽,但就是没有一个知心朋友。

马加爵有两个姐姐和一个哥哥,但马加爵从小到大与他们的关系就谈不上亲密。

时间长了,马加爵的性情就变得更加压抑。

在马村小学读书期间,他得到了很多张奖状,但他的家人从没有在他读小学的时候见到这些东西,因为被他偷偷藏起来了。

他学习很好,但总显得很害羞。同学们向他请教问题时,他都很紧张,课外的游戏他也很少参加。

他生活的全部就是学习,即便放学后他也不主动去找同伴玩耍。

他被公认为是一个没有朋友、只会老老实实读书的孩子。

令人遗憾的是,生活并没有给他更多的眷顾。在高中时,他外表的变化给他的交际又带来了新的障碍。他的身体在高中变得很粗壮，脸型由圆成方，嘴唇变厚，眼睛深陷，额头外凸，显得有些凶狠，而且很少露出笑容，这让他给人难以接近的印象。于是，大多数人只是跟他表面上过得去，从不深交。而他本人又不善言辞，更使得他在高中几年特别是与女同学的谈话更是少得可怜。

就像很多学生因为家庭条件穷困而产生自卑心理一样，马加爵也被这种情形所左右。他总穿着旧衣裳。从高一到高三前半学期，他有点破罐子破摔的样子，可以说是混过来的，有时候还会买两瓶啤酒到宿舍喝着解闷。

上大一时，他也曾试图改变自己孤僻的个性，融入大学的文化。他的一位同学说，看其他同学幽默地开玩笑时他也想表现一番，结果往往弄巧成拙，反而让大家觉得他很可笑，情况越来越糟糕。他开始怀疑一切，变得有些神经兮兮，而且脾气越发暴躁乖戾。

在宿舍里，其他人在一起说笑，马加爵通常就认为笑声中包含对他的嘲弄，为此少不了动怒、吵架、摔门。逐渐地，他说话的次数越来越少，发脾气的叫声却越来越大。伴随时间的推移，他同舍友之间的积怨越来越深，严重时他甚至动手打人。

大家都觉得他心理有问题，认为他从不反思自己。后来，大家都不理睬他了。一段时间里，不被别人接纳的马加爵变得更加不羁与反叛。

他独来独往，没有参加过任何社团组织，他把头发有意理得很短，这样看起来更加凶悍。他还苦练体魄，早上6点不到就起来到操场上长跑，冬天只用冷水洗澡。

马加爵非常在乎外人对自己的评价。他的内心深处，有自己看重的做人原则。比如，大家一起打牌的时候，如果因为他出错牌而埋怨他，他会抱歉地笑笑；而一旦有人说他作弊他会非常生气。

在将近4年的大学生活中，马加爵给大家的印象就是一直压抑，很怪。

案发前几日的一天,马加爵和几个同学打牌,其中一位同学怀疑他出牌作弊,他马上与同学当众发生争执。其间,那位同学说:"没想到你连玩牌都玩假,你为人太差了,难怪×××过生日都不请你……"

现在可以肯定的是,那位同学的那句话给极自尊又极自卑的马加爵造成了"毁灭性的打击",他感到长期以来努力维系而且深深依赖的并不开放的社交体系骤然崩溃。而实际上,说这句话的同学是马加爵自认为在班上唯一的知心朋友,两人同住一室,而且是广西的老乡,放假时常常相伴回家。但这句话不过是个导火索,马加爵的郁闷积蓄已久。

"我觉得我太失败了。"

"我觉得他们都看不起我。"

"他们老是在背后说我很怪,把我的一些生活习惯、生活方式,甚至是一些隐私都说给别人听。让我感觉完全露在别人面前,别人都在嘲笑我。"

终于,马加爵走上了绝路。

马加爵过分自卑,让自己的心灵产生了病态,他用病态的心理去评判别人,因此,别人难以成为他的朋友。

当然,促使马加爵走向杀人道路的原因有许多,但通过他人生轨迹的发展来看,孤独、自闭、不善与人交流,进而导致较严重的心理忧虑,无疑是其中一个重要原因。这种人性的弱点让他看不到生活的阳光面、积极面,而只是愤闷,这是给我们的教训。

## 在生活中少一些攀比

一个人原本生活得和和美美，但只要产生了与人攀比的想法或念头，就再也不会有快乐的生活了。有的只是抱怨和不如意，甚至是嫉恨生活。

每个人的自身状况和条件都是不同的。拿别人有而自己没有的东西进行比较是毫无意义的，就像一个长跑冠军和一个网球冠军，你在你的领域很出色，我在我的领域也卓有成就，两者间没有可比性。非要拿自己的短处跟别人的优势相比，势必会产生痛苦。

有一位农夫，家对面的山上有一个小寺院，寺院里有几个和尚，每逢和尚外出化缘都必经过农夫的家，和尚看到农夫过着日出而作、日落而息的生活，觉得很充实，非常羡慕。而农夫看到和尚整天无忧无虑地念经、敲钟，觉得他们过得很轻松，十分向往。所以，在他们的心里都产生了这样的想法："互换一下，过过对方的生活。"

有一天，又有一个和尚化缘路过，农夫便上前与和尚商量，决定交换身份，农夫过和尚的生活，和尚过农夫的生活。

然而，农夫做了和尚后，发现和尚的日子并没有想象中那么美好，整天念经、敲钟，非常无聊，虽然悠闲，但很空虚。这时，他看到山下快乐工作的其他农夫，觉得还是以前的生活好。而当了农民的和尚的痛苦比农夫还多。面对每天繁重的田间劳作，他非常怀念当和尚的日子。于是，他每天坐在山下，看着山上的和尚，觉得还是自己以前的生活好。

因此，他们很快又换回原来的角色，因为那才是真正适合他们的生活。

生活中，人们总是犯和尚和农夫那样的毛病，羡慕别人比自己过得好。例如，同是从一所学校毕业的年轻人，但从不去想别人之所以能过上现在的生活，是经过许多劳苦而得来的，他却张口就说：凭什么他就成了老板，而我还是职员？凭什么他能成有钱人，而我却要为他打工。且不说别人比你强是别人努力奋斗的结果，就说你抱怨能有什么用啊？

其实，这都是欲望在作怪，对金钱、权力和美色的欲望。你光看到别人财大气粗，却不知别人为此而付出的艰辛，而你可能把别人干事业的时间都用在攀比和抱怨上了。

人的欲望是无止境的，当你租房子的时候，会想着有了房子你就不会烦恼。等你有了房子，又想着有了车子你就不会烦恼。等你有了车子，又想着当了领导你就不会烦恼。如此下去，烦恼会永远伴随着你。抱怨也会不停。攀比、抱怨不可能给你带来什么生活转机，而只能带来不如意和无尽的苦恼。如果一个人在正常心理状况下与人做比较，很可能会激发自己的上进心，用突出的业绩拉近与比自己生活好的人的距离。但一味跟人比下去，快乐就如昙花一现，它只在你实现目标的一刹那开放。之后，你又会被新的痛苦包围。

俗语说：家家有本难念的经。每个人的生活都有痛苦和烦恼，再幸福的家庭也有不愉快的一面。总是盯着别人美好的一面去比较，只会降低你原有的价值。因为你原本也可以凭借自己的奋斗成就自己的一番事业，但你却把主要精力放在了与他人的攀比上，所以你永远也赶不上人家。

如果非要比，不比生活就不充实的话，那就跟自己比吧：今天是不是比昨天更好，现在是不是比过去更开心。这样的比较才是积极健康的，才是真正有意义的，也才不会让自己有痛苦、有怨气。

## 让性格变得坚挺起来

生活实践证明：易被激怒的人，他们的性格多数是脆弱的。

古罗马哲学家、悲剧作家赛涅卡说："愤怒犹如坠物，将破碎于它所坠落之处。"容易被激怒是人性的一种弱点，而甘受愤怒这个魔鬼摆布的往往是那些生活中的弱者，也就是那些内心脆弱的人，比如，儿童、妇女、老人、病人等。事实上，在现实生活中我们也常常看到类似的场面：小孩会因为一点点事情没有顺着他的心，就会哭闹向大人发脾气；女人会因为家中的琐碎小事大吵大闹，甚至闹的邻居都受影响；那些身患重病或者被告知患了绝症的人，会在医院里处处与医生护士作对，只要稍不如意，就摔东西，大喊大叫。诸如此类的场面还有很多，纵观这些场景，我们会发现一个有趣的共同点，那就是：似乎那些脾气不好、容易生气的人都是内心脆弱的人，他们不能接受生活中的任何打击和挫折。

卡尔多瓦说："人应当有一张用粗绳索编织的荣誉保护网。"那些内心脆弱的人，似乎更需要一张保护自己的网，怒火成为他们最常用的一张"网"。或许，他们觉得，只要自己生气了，就可以占据主动。所以，怒火常常出现在他们最脆弱的时候，其实在无意识之中，他们已经把自己脆弱的一面暴露给对方了。比如说，《三国演义》中诸葛亮就是在知道周瑜度量小的情况下，偏偏去气他，最后将他气死。因此，要防止那些内心脆弱的人发怒、生气，我们可以借鉴这样两个方法：一是，在谈一件令他愤怒的事情时，要选择恰当的时机，给对方留下良好的印象；二是，设法消除对方因受轻视而感到侮辱的心结。此外，因人而异，或许我们还能找出其他的原因，尽可能顾及到对方脆弱的心理。

你是不是一个心理脆弱的人呢？你可以做一个小测验来检测一下。

下面几种自然界的水，你比较喜欢哪一种呢？

第一种是，惊涛骇浪般拍打着岸边的水；

第二种是，一望无际、平静辽阔的水；

第三种是，从高处骤然落下的瀑布的水；

最后一种是，急流险滩、强劲奔腾的水。

结果分析：

一般来说，喜欢第一种水的人是心里有话就藏不住的人，性格单纯，容易冲动生气。家人和熟知的朋友都认同他这一秉性，不仅有发泄愤怒的情绪，有时候还会"动武"。不过，坏脾气来得快，去得也快，熟悉他的朋友会知道如何与他相处，但是，陌生的朋友有可能会有些不理解。

喜欢第二种水的人修养较好，包容力强，平时不怎么会发脾气，遇到不公平的待遇，通常会一笑了之，似乎对方的怒火反而会满足自己本身的优越感。虽然不会轻易生气，但是遇到自己不喜欢的人，还是会渐渐疏远他，不过，对方很少会感觉到他的敌意。

喜欢第三种水的人，很少与人生气，可一旦生气就会血脉贲张，甚至是歇斯底里，常常让人感到莫名其妙。在平时生活里，这类人习惯将那些不满的情绪压抑在内心，很少向人说起，也没有合适的途径发泄出去。这样一来，情绪积压久了，性格就变得十分暴躁，一遇到不如意的事情，怒火就有可能被引燃，甚至爆发得莫名其妙、歇斯底里。

喜欢最后一种水的人性格阴沉，不轻易生气，但是，并不能说明他的脾气相当好，在大多数的时候会隐忍不发，但会暗记在心中。这样的能很好地掌控自己的脾气，有时他会故意让对方犯错，再把对方抓住，细数对方的罪状，让对方百口莫辩。

　　这样看来，似乎有三种人容易动怒或是闹情绪。一是那些内心十分敏感的人，他们的神经太敏感，一点点小事就可以刺激到他们。脆弱敏感的人容易被激怒，即使有的事情在别人看来是微不足道的，却总能引起他们心中的怒火。二是那些自认为被轻视的人，他们的内心也是相当脆弱的，对他们来说，来自别人的轻视会令自己怒火中烧，所造成的后果与伤害一样，甚至有过之而无不及，因此，轻蔑会激怒他们心中的怒火。三是自认为名誉受到损害的人，内心脆弱的人，他们所担心害怕的就是自己的名誉受到损害。

　　既然我们能大致判断出爱发脾气的人的性格特点，也就很容易帮助爱发脾气的人改掉这个不算好的习惯。其有效方法就是：让自己的性格变得坚挺起来。

## 去掉烦恼先修正心态

　　曾有一位细心的人，经过反思自己得出一个结论：只要自己被哪怕只是一点点的烦恼粘上，就会渐渐地变成比原来厉害无数倍的烦恼。而对于那些有着悲观心境的人来说，就恰似心理被扭曲了，哪怕是生活中正确的东西也会被自己所曲解，让自己变得不快乐，直到有一天，当积聚的坏情绪暴发的时候，自己就已经被悲观所吞噬了。悲观，是一种比较普遍的情绪，面对生活中诸多的不如意，每个人都有可能要悲观一下，然而，许多人尚未意识到悲观的危害性。有的人甚至认为，悲观也没有什么大不了的，又不是抑郁症。可是，据心理学

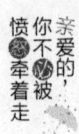

家观察，长时间的悲观心境会让一个人感到失望，丧失其心智，长期生活在阴影里。所以，请远离悲观的心境，调整自己的情绪，走出悲观的阴霾，做一个乐观积极的人。

很少有人知道，美国著名的总统林肯，曾是抑郁症患者。在患抑郁症期间，林肯曾说了这样一段悲戚伤感的话："现在我成了世界上最可怜的人，如果我个人的感觉能平均分配到世界上每个家庭中，那么，这个世界将不再会有一张笑脸，我不知道自己能否好起来，现在这样真是很无奈，对我来说，或者死去，或者好起来，别无他路。"幸运的是，最后，林肯战胜了抑郁症，成功地当选了美国总统。事实上，悲观给我们的生活所造成的影响是巨大的，一个有着悲观心境的人，无论是生活还是工作，他都没有办法获得成功。甚至，悲观的心境还会有意或无意地成为成功路上的绊脚石。

有两位年轻人到同一家公司求职，经理把第一位求职者叫进办公室，问他为什么要到他们公司来求职？对方应答说："我原来是有工作的，但在那里同事们尔虞我诈，勾心斗角，我们部门的经理也十分蛮横，不懂管理总是欺压我们，员工没有任何自由整个公司都显得死气沉沉，在那里工作，我感到十分的压抑，所以，我想换个理想的地方。"听完他的介绍经理微笑着说："我们这里恐怕不是你理想的职场。"最后，没有录用他。

第二个求职者被问了同样的问题，他告诉经理："我是有工作单位的，我们那里挺好的，同事们待人很热情，互相帮助，经理也平易近人，关心我们，整个公司气氛十分融洽，我在那里生活得十分愉快。如果不是想发挥我的特长，我还真不想离开那里。"最后经理说："恭喜你，你被录取了。"

前者是心态不健康者，他的生活里始终笼罩着乌云，因此，他看什么人和事都是阴郁的，多么美好的生活摆在他面前他都认为"糟糕透了"；后者的心态是积极健康的，他的生活始终充满着阳光，即使是再糟糕的生活在他看来也是十分美好的。悲观者看不到未来和希望，所以，他面临着求职的失败。或许，在人生的道路上，还有更多的失败在等着他，除非他能够换一种心境。

有两个人，在他们俩面前摆着一大一小两个桔子，大桔子酸，小桔子甜，当心态好的人分到小桔子的时候他会说，桔子虽小但甜，而他分到大桔子的时候，他又会说，桔子虽然酸但它大。而心态不好的人正相反，当他分到小桔子时他会说，虽然桔子挺甜但它太小了；当他分到大桔子的时候，他会说，虽然桔子大，但它太酸了。

看，好心态与坏心态的人在一起比较，差距就这么大，他们的生活状况也一定差距很大。

怀着悲观心境的人，他们只是一味地抱怨，他们所看到的总是事情的灰暗面，哪怕是到了春天，他们所能看到的依然是折断了的残枝或者是墙角的垃圾；拥有乐观心境的人，他们懂得感恩，在他们的眼里到处都是春天的美好。悲观的心境，只会让自己气郁沉沉；乐观的心态，会让自己感受到阳光般的快乐。

美国总统罗纳德·里根在小时候是一个乐观的孩子。有一次，父母送给里根一间堆满马粪的屋子。一会儿，他们来到里根的门口，发现里根正兴奋地用一把铲子挖着马粪，看到父母的到来，里根高兴地叫道："爸爸，这里有这么多马粪，附近一定会有一匹漂亮的小马，我要把这些马粪清理干净，一会儿小马就来了。"

对于每一个人来说，悲观的心境就像是漂浮在天空中的乌云，它遮住了生活的阳光，长时间下去，自己也会变得抑郁。所以，请远离悲观，放弃心中的怨气，让阳光照进生活中。

# 生气是自寻不快

俗话说"一个巴掌拍不响",而实际情况是,一个巴掌干脆就拍不成响。这就是说,有作用力的施予才有反作用力的产生,就如一个人生气,也一定有引起生气的原因,而这个气有时是由外界引发的,有时却是自找的。

生活中,我们每天都会经历无数的事件和场合,当我们身处顺境,也许会有嫉妒的冷雨;当我们身处逆境,更是会遭受落井下石的可能。但我们千万要明白这些都不是以我们的意志为转移的,如果试图去改变,无疑是在做无用功。我们永远要记住哲人康德之言:生气就是拿别人的错误来惩罚自己!

人的一生犹如一次艰难的旅行,虽然不可能完全一帆风顺,但也不可能一直处于低谷,坎坎坷坷、变化才是真正的生活常态。倘若看到自己比别人的处境好一些,便沾沾自喜、趾高气扬,面对困难和挑战便怨天尤人、自暴自弃,那么让人看到的只能是你自己的懦弱。"气人有,笑人无"便是典型的弱者表现,并且这样的人生也很难拥有成就和快乐。所以,身处顺境之时要学会谦逊,身处逆境之时要学会释然,胜不骄、败不馁,这样的人生才更加快乐充实。

物理学家爱因斯坦如果因为小学老师说他不聪明而自暴自弃,那他可能就永远不会成为一位伟大的物理学家。如果张海迪因为自己是个残疾人而生气绝望,她将不会有精彩的人生。

有这样一个生活中的例子:

有一位叫田雪的女孩，她爸爸是一家公司的老板，她大学毕业后就直接去了爸爸的公司工作。其实父母本来是想让她自己找一份工作历练一下的，可是没办法，由于从小娇生惯养，导致了她非常任性，稍遇到不如己意的事情就大发脾气怨天尤人，而且自己还感觉受到了天大的委屈。爸爸心里清楚，女儿如果不能去掉情绪化的毛病，去哪里工作都是不行的。

田雪有一个男朋友，毕业后打算自己开一个广告公司。其实自己创业的想法是很不错的，可田雪就是不同意，她给了男朋友两个选择：第一，你开公司，咱们分手；第二，你来我爸爸的公司工作。最终，小伙子还是选择了自己创业。田雪虽然大发脾气，可两人感情很好，也就不了了之了。可是时间不长，两人却因为小伙子的一次约会迟到而最后分手了。仅仅是因为小伙子忙工作耽误了几分钟，田雪就不依不饶，说对方不在乎自己，大哭大闹。这次，小伙子只说了一句话，就离开了。他说："田雪，你不是孩子了，我和你在一起一直都像在哄孩子一样小心翼翼。我想，如果你再不知道控制自己的情绪，你会自己毁了自己的。我们分手吧！"

必须要懂得反省自己，在我们不开心时，气是从哪里来的，这气应不应该生，生气不但不能解决问题，反而会损害我们的身体健康，甚至会使我们失去理性。因此，当你周围的同事获得升职或加薪，而你却还在"原地踏步"的时候，你首先要做的不是忙着生气，而是要反省自己，找找自身的原因，或许是你专业知识不够或工作技能缺乏。找到自身原因后，你可以把生气时投入的时间、精力都用于学习、工作上。这样，你就能把自己从"生气"中解脱出来。当你走出生气抱怨，凡事去努力、去付出、去奋斗时，不论你能否得到相应的成就，你都已获得了不怕挫折的勇气和豁达的心境。而如果生气是自找的，就应该做一下自我批评，自我提醒。

总而言之，凡遇事一味抱怨、生气，都是消极愚蠢的表现，只有拥有积极乐观的心态，才会发现生活充满了美好，愉快的心情是自己创造的，心情舒畅了生活便会充满生机，郁闷也是自己制造的，是搬起石头砸自己的脚。气是别人吐出而你却接到口里的那种东西；气是用别人的过错来惩罚自己的蠢行，切莫愚蠢到为了不值得的事情伤害自己。

## 不对任何人有怨恨的心理

有一位知名的成功学大师说过：抱怨是人性的弱点。如果引申一下这句话的意思，就可以说，愤怒是人性的弱点。为什么这么说呢？因为愤怒情绪的产生多半是由于人的抱怨引起的。

有一位女士怀孕后，情绪越来越不好，经常对新来的保姆发脾气，而她发脾气的原因就是，总抱怨保姆这做的不好那做的不对，保姆气得不干了。临走前，保姆对她说："我保证你怀的是男孩。"这位女士好奇地问你是怎么知道的，保姆说："就你这脾气，没有一个女人能和你共处10个月。"

和谁都合不来，经常发脾气，这样的人最需要的就是加强涵养减少抱怨。

有个寓言把人比作刺猬：在寒冷时他们要相互靠近以取暖，而靠近他们又会刺伤对方，最后只得满足于维持一个不远不近的距离。

其实每个人都有刺，这种刺就是个性。当人们之间个性相悖时，也就是被对方刺了，就少不了抱怨、发火，从而产生攻击性行为。

攻击性行为，是对对方抱怨的极致表现。对于年龄较小的孩子来说，有时表现出一种好斗性是正常的，如儿童之间的打打闹闹、推推搡搡。但如果成人的攻击性行为成了一种经常性的习惯，就必须引起高度重视了。

这种社交上的问题是很严重的。为了一件小事和别人发火、吵架，脾气暴的人很像一个"易燃品"。试想，谁愿意总呆在"易燃品"身边呢？猛犬型的人虽然能赢得一次又一次争吵，但却失去了一个又一个朋友。

王冲上中学时，性格就很另类，爱滋事，同学间哪怕有一点小事让他看不顺眼，也要拳脚相加。因此班上同学都特别怕他。而且他脾气暴躁，稍不顺心就对同学大打出手，或恐吓威胁，给同学们造成了很大的心理压力。虽经学校多次批评教育，甚至给予纪律处分，但见效并不大。为此班主任老师几次进行了家访。据其母亲介绍，该生在家中并不这样，总是小心翼翼的，稍有不良表现，便会遭到父亲的痛打。他父亲脾气更是暴躁，且经常酗酒，打孩子如家常便饭，有其父必有其子。王冲在其父身上受到的训斥、责打并没有压抑在其内心，而是发泄到同学身上。

在王冲参加工作之后，两年里，竟换了六家单位。每到一个单位，都是因为和领导或同事吵架，不是他主动离开，就是老板炒了他。尽管每次辞退的具体事因有所不同，但所在单位的领导给他下的结论是一致的：目无领导，肆意妄为，是个火药筒，说炸就炸，单位容不了他。

难道是王冲时运不济，碰的全都是有意让他难堪的事，不是的。主要原因就是王冲不善进行自我心理的调节和情绪宣泄，没有调节矛盾的常识和技巧。本来，上级与下属之间在工作中产生一些矛盾是正常的，不可避免的，但双方一般都能通过彼此的沟通和谅解等手段来消除误会，弥合矛盾。而他则不然，一旦与领导有了矛盾，他总认为是领导在故意刁难他，进而采取顶撞，不执行命令，以消极怠工的方式来对抗领导，以至因为不给领导留面子而触怒了领导，使原本很容易化解的小摩擦一下子结成了不好解的"大疙瘩"。最后，领导和同事送了他一个绰号：火药筒。

脾气暴躁的人，他们最关心的是自己能不能改好。

首先是要相信脾气是能改好的。也许你觉得自己天生脾气暴，但是天生的东西也不是变不了的。孔子的学生子路原来也是火暴脾气，但后来却成为一个谦谦君子。如果你一次次避免了发火，你以后发火的几率就会减少。像肌肉越用越发达一样，你的脾气也是越发火越大。长期不发火，你的燃火点就越来越高，轻易点不着了。

李文从小就是一个很有个性的孩子，上大学时都没有几个知心的同学。参加工作后，更觉得自己很孤僻，同时，敏感、多疑，感到自己从未在别人的视野里。因此，内心蕴藏着许多愤怒的按钮，很容易被人按到，而且一触即发。但当他上了一次心理体验的训练课程之后，他醒觉到身上的每一个按钮，都是自己过去信念速成的"自动反应"，是自己心胸狭窄、目光阴暗所致。其实，现实是中立的，全看你怎么感受它、认识它。当你以受害者的心态来看待这些事件的时候，就会一直抱怨下去，一直对这个世界感到愤怒，一直生活在阳光的背后。但是，当一个人醒悟之后，改用宽容的心态看待每一个事件时，感到心平气和了许多，生命里充满阳光和向上的精神，而身上的"出气按钮"越来越少，不再动不动就生气了。

要想把脾气改好，的确不容易。但是，人拥有一份好的涵养，不抱怨任何不公平、不如意，是非常难得的，因为它能把我们引入生活的正路。

# 第四章 愤怒是坏事的根苗

其实，愤怒也是人的正常情感外露的一种方式。就愤怒这种情感本身来讲，并无善恶之分，更没有给喜、怒、哀、乐等人类情感排个顺序谁是最好谁是最坏的标准。但是通过对生活实践的反思，多数人认为：凡是人处于愤怒的时候，也就是愤怒情绪在主导人的情感时候，最容易出错。因此，在生活中，提醒人们愤怒是坏事的根苗是有现实意义的。

## 记住一发怒就准没好事

生活中,相信每个人都曾目睹过愤怒引起的消极结果,或有过因生气而得不偿失的经历。

可以肯定地说,愤怒就是一个魔鬼,有它在场就准没有好事。让人生气和愤怒的原因多是人们不喜欢的事。比如,过量饮酒就很可能引发你动辄大发脾气,无法排遣心中的不满情绪,对可能的威胁和别人的不敬言行高度敏感,或者感觉身心承受的压力非常大。而此时,你体内过量的酒精与你的不良情绪已经结为同盟,结成共同体了,它误导你对形势的解读,让你将普通行为看作威胁。增加你抑制冲动的难度,让你不考虑后果冲动行事,无法从触发愤怒的形势中走出来,或者让你总是对过去的不如意耿耿于怀。

如果你短时间不能终止愤怒的话,还会进一步增加你的心跳和血压,伤害你的健康。再有持续不断的愤怒思维和感受会让人身心疲惫,难与人沟通,难以接受他人的不同看法。你会认为他人的行为都是故意的,你越来越想报复对方,甚至更严重——将报复想法付诸实施。充满敌意的判断,或动辄因为一点小事口出恶言、责骂、指责他人或争吵不休就会成为你日常行为的一部分。当其他人不听你的话,回避你,不同意你的看法,甚至不愿意和你待在一起时,你更加觉得应时刻保持警惕。相互沟通和妥协的缺失使人们越来越不尊重你。

如果愤怒出现在伴侣、配偶及孩子之间,情况还会更糟。目前,离婚是仅次于伴侣死亡产生巨大压力的第二大人生事件。在原婚离婚

率超过 50%、再婚离婚率高达 70% 的今天，解决好愤怒引起的家庭问题显得尤其重要。

如果愤怒情绪暴发在工作时，最显而易见的结果就是被惩罚或开除。但是，大量的证据表明也可能出现其他多种后果。工作时愤怒往往会导致不满、嫉恨、疲惫、对公司目标消极抵制。经常责备他人、感到别人不尊重自己、处处想着报复他人往往会导致所谓"霸道"的工作作风，或者在公司里被边缘化，因为人们都避免和你打交道。

而愤怒对自身的影响就更直接了，暴怒之后，人会感觉浑身乏力，口干舌燥，血压升高；肾上腺素明显激增；还会出现不规则的心跳；颈部疼痛、剧烈的肌肉疼痛和头疼；很难入睡、半夜或凌晨醒来后难以再次入睡；甚至有时候又不得不靠酒精和药物来放松自己。

总之，愤怒的恶行随处可查，和它挨上边就绝对没得好果子吃。

## 愤怒害人于无形

一个人在处于极度愤怒的情绪状态中时，往往会做出一些过激的举动，而且可以肯定的是，这些过激举动的结果多半是糟糕的，它不用魔鬼支出一点的气力和成本，都由愚蠢的人自己承受。而不幸的是，这些愚蠢的举动时常地被人们所演绎，当现实与愿望相违背或不能达到，并一再受挫时，人就会愤怒。遭到失败，遇到不公，会愤怒；受人侮辱，隐私被人揭穿，会愤怒；上当受骗，又说不出口会愤怒……愤怒的形式也各种各样，比如，愤怒时大喊大叫、拍桌子、摔东西、骂人，做出不符合常规、常理的决定等等。不管以哪种方式表现出来，都说明：这个人就是个气球了，他随时会爆炸伤人、伤己。

就个人而言，为什么你动辄就发脾气？而别人不会？究竟是什么因素使怒气常常一触即发？那是因为你心态不好，所以魔鬼才常会找你。

不能正确地理解和适应生活就会常招来怒气。现代人的生活节奏快，形成了一种无形的张力，好像琴上的琴弦不断拉紧一样。日程表安排得愈来愈满，直到有一天大动肝火之后才问自己："我为什么发这么大的脾气？"很简单，你的生活节奏被打乱了。

在生活中能引起人愤怒的原因有很多，比如：经受不住挫折会使愤怒暴发；半途中车子抛锚，越修理越找不到原因，忍耐到达极限就会暴发，愤怒地想一脚把车踢落山崖。

未能实现预期的目标也可以点燃愤怒，在学校里没有取得理想的成绩，工作中得不到该得的提升……所有这些及其他诸如此类的烦恼引起失望，一旦想不开，就会产生愤怒。

心态脆弱者在受到哪怕是一点点的人身侮辱时也会激起愤怒。说话侮辱了你的父母，轻蔑地叫你"老土"，你感到这都是在侮辱你，于是怒气便发作了。

权利受到侵犯引起愤怒。个人权利遭受侵犯，感到不满，愤怒就产生了。在婚姻生活中，丈夫希望妻子这样做，妻子希望丈夫那样做，双方都不妥协，开始时生气，最后便转化为愤怒。

虽然愤怒是一种短暂的情绪紧张状态，往往像暴风骤雨一样来得猛，去得快，但是它的杀伤力却很大。

有人总结说：当一个人生气时，会有七件事情降临在他身上：虽然刻意装扮，依然丑陋不堪；虽然睡在柔软舒适的床上，依然疼痛缠身；误把善意作恶意，错把坏人当好人，做事鲁莽不听劝告，导致痛苦与伤害；失去辛苦赚来的钱，甚至误触法网；失去由勤勉工作而得

第四章 愤怒是坏事的根苗

来的声望;亲友形同陌路,不再同自己为伍……因为一个任怒气驾驭自己的人,身心及言语皆表现得不健全,从而造成令人惋惜的后果。

这七种亲痛仇快的不幸,就是愤怒带来的杀伤力。它不是刀也不是枪,但杀人没商量,愤怒蛰伏于人心,伺机操纵人的生活。无法克制的怒气,往往是伤害身心至深的本源。愤怒还极易破坏正常的人际关系,轻则会伤和气,影响人脉,重则会因控制不住自己的理智而闹出不该发生的事来。

作为一个理智的人,一定要克制愤怒。

## 不要走进魔鬼为你下的套

人们常把情绪化的"冲动"比喻成魔鬼,因为冲动的结果不是害己就是害人。而且,现实中的魔鬼是经常会改头换面的,它们会以嘲讽人、诽谤人的面目出现,此后又会以愤怒的面目出现在另一方,让人受害。

嘲讽是不尊重他人人格的行为。好嘲讽的人常以取笑他人为乐事,嘲笑从表面上看是不尊重对方,实际上是不尊重自己。嘲讽虽然较之诽谤之恶较轻,但它也极伤人。其实这种恶行也是最刺激人、羞辱人,使受辱者最无法容忍的事。嘲讽是激怒一个人最灵验的行为,所以能容忍嘲讽也是最有风度、有涵养、有智慧的人。人在失意时容易遭到讽刺打击,在进取时也常常会受到讥讽嘲笑,甚至当你为社会、为他人做好事时,讽刺也会随之而来。20世纪60年代,伟大的共产主义战士雷锋把自己每月微薄的津贴节省下来,帮助家庭困难的战友,寄往发了大水的灾区;把连队中秋节发的月饼和水果送给医院的病号。这种无私的奉献被有的人讥为"傻子"。张华同志为抢救一位老农而英勇献身，有人嘲笑这种献身精神是拿大学生换农民，太不合算……总而言之，不管你做了什么好事，总是有冷嘲热讽跟着你。可以给乐于嘲讽的人下这样一个定义：它是魔鬼的"托"，也是魔鬼害人的帮凶。那么当你受到嘲讽时，应该怎样来处理呢？

1. 首先要有心理准备。

人生无论是得意还是失意，都免不了遭遇冷嘲热讽，这是生活内容之一。要生活得充实、安稳、自信，就要有充分的心理准备，不怕嘲笑讥讽，不怕挖苦打击，坚定不移地走自己的路。

2. 当自己的行为遭到嘲讽时，要分析一下别人的嘲讽是否有道理，不要一律排斥，全盘否定。

生活中有些人，心地是善良的，但表达的方式不对头；也有的人关心你的进步，恨铁不成钢，总喜欢用讽刺的语言刺激你，让你发奋。如中国足球输了以后，球迷们称国足为"臭脚"，还有人将臭鞋垫寄给运动员，加以嘲笑。面对这样的挖苦和打击，国脚们变嘲笑为动力，使坏事变成好事。对待善意的嘲讽，应努力领会其中有益的东西，以改正自己。

3. 对于那些别有用心的恶意嘲讽，最好的办法莫过于不屑一顾，不理睬它，既然你无法让他人闭嘴，那么就对其不理不睬吧。

最不应采取的做法就是义愤填膺，有位男青年在危难之际，被一位残疾姑娘机智地救了命。后来，他对这位残疾姑娘产生了爱情，多次求爱，终于如愿以偿，他们结婚后还有了儿子，生活美满幸福。可没想的是，他们的生活受到了周围人的指指点点，冷嘲热讽。对此，男青年忍受不住了，最后竟抛妻别子以自杀了之。这个男青年就是走进了魔鬼下的套。他敢娶残疾姑娘为妻的行为很勇敢，可他的心理承受力太弱了，忍受不了别人的说三道四，结果不但毁了自己，也坑了

妻子和儿子。实际上,别人的冷嘲热讽虽然讨厌,可命运是攥在你自己手里的,何必因为别人说几句不中听的话就去死,那不是太愚蠢了吗?在别人的嘲讽中发愤图强,在别人的嘲讽中活得有滋有味,这才是真正强者的人生。

对于那些有冷嘲热讽毛病的人来说,应悬崖勒马,不要充当魔鬼的帮凶。否则等别人忍无可忍时,你也不会有什么好果子吃。

南宫长万是春秋时宋国的大将军,他曾在一次战斗中被鲁军所俘,从此,宋国的国君宋闵公便不再像从前那么尊重他了。一日,君臣二人喝酒对弈,约定输者受罚。结果,南宫长万连输五局,受罚五杯,可他还是不认输。当他要求再下一局时,宋闵公讥笑他道:"败军之将,还敢与我赌胜负!"南宫长万听了,又羞又恼。此时,正好有周朝使者来报庄公去世。南宫长万便自荐前往吊孝,谁料又被闵公讥笑:"宋国无人乎?岂能派你这个俘虏前往!"听者哗然大笑,南宫长万恼羞成怒,再也无法控制自己,便举起棋盘将闵公砸死了。

可见,随意嘲讽别人最终受害的是自己。嘲讽人和愤怒一样都是害人的魔鬼,理应远之。

## 不要被自己的情绪击垮

实践证明:当被不良情绪左右的时候,平时可以躲开一头大象的人此时却躲不开一只苍蝇。

有一位在生意上有大成的人曾给自己定了一条黄金规则："任何时候都不能让情绪牵着鼻子走。"

为情绪而烦恼的人注定是做不成大事的。

1965年9月7日，世界台球冠军争夺赛在纽约举行。路易斯·福克斯十分得意，因为他远远领先于对手，只要再得几分便可登上冠军宝座了。

然而，正当他准备全力以赴拿下比赛时，发生了一件意外的小事：一只苍蝇落在主球上。路易斯原本没在意，一挥手赶走苍蝇，俯下身准备击球。可当他的目光落在主球上时，这只可恶的苍蝇又落到了主球上。在观众的笑声中，路易斯又去赶苍蝇，情绪受到了影响。然而，这只苍蝇好像故意要和他作对，他一回到球台，它就跟着飞了回来，惹得在场的观众开怀大笑。路易斯的情绪恶劣到了极点，终于失去了冷静和理智，愤怒地用球杆去击打苍蝇，不小心球杆碰动了主球，被裁判判为击球，从而失去了一轮机会。

本以为败局已定的竞争对手约翰·迪瑞见状勇气大增，信心十足，最终赶上并超过路易斯，夺得了冠军。路易斯沮丧地离开后，第二天早上，有人在河里发现了他的尸体。他投河自尽了。

这件几十年前的往事，今天仍然值得我们深思：在生活中，当"苍蝇"影响我们的情绪时，我们该如何对待？一个人也许能处理好意料之中的大挫折、大变故，因为他已经有了足够的心理准备。但是，如果对突如其来的"小苍蝇"没有心理准备而导致情绪恶化，那么最终只能使自己的工作或事业功亏一篑。

在现实生活中，出门在外，不要为挤车、排队、购票、购物、就餐时遇到的一点点不顺心事而不愉快，或产生怒气，更不要与人争吵

甚至斗殴。若一时冲动造成恶果，将会追悔莫及。

其实，在我们的生活中，经常会看到或听到，因为一时的冲动而造成让自己悔恨终生的大错的例子。说冲动是魔鬼一点也不为过。

生活中，邻居之间为倒污水发生口角、吵骂本是小事，过后，双方都消消气，几天后就又如从前了。但因为一方易冲动将此小事升级，以至杀死两个人、重伤一人。这起发生在安徽大市场的命案是典型的因冲动而引起的犯罪案例。至今一提起仍让人唏嘘不已。

我们身边熟悉的一个人为什么突然变得异常陌生，为一些鸡毛蒜皮的小事、一句不起眼的话、一个不经意的动作，瞬间变成杀人犯了呢？

培根曾经说："冲动就像地雷，碰到任何东西都将与之一同毁灭。"打个比方，冲动的人等于在跟魔鬼做一笔非常不划算的交易。在交易前，魔鬼告诉人：如果你购买了"冲动"，你就可以做你想做的任何事情，你可以通过冲动，使自己的情绪得到痛快淋漓的发泄。人听到这里，顿时呼吸急促、血压升高，迫不及待地签下契约。冲动过后，魔鬼会再次找上门来——它绝不会失约。它会高举契约，契约上面写满了人购买"冲动"所必须支付的成本。

化解冲动需要理智，冲动的激情来也匆匆、去也匆匆，只要把握自己的情绪，冲动是会被降服的。用理智给自己的冲动降温吧，当怒火爆发的时候，管好自己的脾气，既不要让消极的情绪之火烧着别人，也不要让外溢的激情之水淹没自己。这样，你不但可以获得别人更多的尊重，而且也会获得人生更多的保全。

人们之所以会怒火中烧，必然是自身利益或尊严受到了侵犯，在此种情况下，学会克制情绪，让自己冷静下来才是理智的做法。平日多磨砺自身谦让的态度，时刻提醒自己保持冷静的头脑，遇到不顺心、使自己生气的事情，要及时转移自己的注意力，灵活运用换位思考等方法以避免消极情绪继续发展，这些做法都能使自己迅速从冲动情绪中解脱出来。

## 愤怒是一把火，烧完别人烧自我

大多数情况下，愤怒多是以魔鬼的面貌出现，只要有愤怒存在就会凶多吉少。如果一个人在某种场合或某件事上与人有分歧，或是受到了不公平的待遇，就少不了这个魔鬼的影子。心态浮躁之人的一个重要而明显的特征就是易于愤怒，通过愤怒将自己对人对事的不满宣泄出来，像猛兽大闹森林，像洪水冲垮田园。愤怒是一把双刃剑，伤了别人的同时，也伤了自己。

2006年世界杯足球赛中，法国球星齐达内在加赛最后10分钟用头冲撞对方球员，用一张红牌为自己的世界杯生涯画上了句号，并导致整个球队把冠军拱手让给了意大利。据说他当时是由于受到对手的挑衅才情绪失控，一失足成千古恨。愤怒就像在喝酒，一旦喝了第一杯，接着就会一杯一杯地喝下去，越喝越多，醉的就越利害，从而让人控制不住自己，造成悔恨终生的结果。

其实，冲动是一种最无力也最具破坏性的情绪，它给人带来的负面影响是人难以想象的。

沧桑的岁月总掩饰不住历史的红尘，无情的江水总不停地流淌着深深的喟叹。昔日力拔山兮、功盖五岳的霸王，不也把愤怒燃烧在阿房的大火上，"楚人一炬，可怜焦土！"及至逼迫乌江，不也一怒之下拔剑自刎，留下他那"虞姬虞姬奈若何？"的愤恨与遗憾。项羽非英

雄，遂使竖子刘邦成名，这也只是后人的一番感慨罢了。

千古英雄，能在惊涛骇浪中游刃有余，能在泰山压顶时举重若轻，能挽狂澜于倾覆，扶大厦于既倒，却多因一气一怒而马失前蹄，玉石俱焚，岂不让人扼腕叹息？遥想公瑾当年，谈笑间樯橹灰飞烟灭，何等的气势，何等的英烈！然一句"既生瑜，何生亮"的怒言怨气，竟成了他生命的丧钟。

所有的这些都已尘封在如烟的历史长河中，青松翠竹绿了五千年历史，柴扉小扣里也曾走出了英雄好汉，意气、名利、浮躁、贪欲，在那一瞬间，都化作了冲天的怒火，恣肆千里，没烧着别人，却毁灭了自己。

《圣经》中说："不轻易发怒的人，才有真正的智慧。"

列夫·托尔斯泰则说："愤怒使别人遭殃，但受害最大的却是自己。"人一旦处于愤怒的状态，便会失去理智，难以保持清醒的头脑，不能做出正确的判断，因而做错事、蠢事的几率便大大增加。

很多有智慧、有成就的大人物，都曾反复告诫人们：千万别受愤怒包围，被愤怒左右。例如，康德说："生气，是拿别人的错误惩罚自己。"毕达哥拉斯则说："愤怒以愚蠢开始，以后悔告终。"

如果一个人动不动就怒火中烧，结果就会伤人伤己，不可能与别人融洽地相处和友好地交往。所以，孟子说："骤然临之而不惊，无故加之而不怒，此之谓大丈夫。"

愤怒不是药石，却可以攻心；愤怒不是武器，却能伤人。每一次愤怒，都不要认为不痛不痒；每一次愤怒，都不要看作无关紧要。愤怒是你的权利，它的爆发与疏导完全掌握在你的手里，而对于它的结果你也应该了解清楚，一根火柴棍的价值可以忽略不计，而一栋大楼的价值可以是数百万元。然而，一根火柴就可以毁掉一栋大楼，可见微不足道的潜在破坏力一旦发作起来其攻坚灭顶的力量是无物可御的。面对愤怒的事情所带来的潜在危险我们无法对其视而不见，但我们可以让它成为逝去的记忆；我们无法预测暴风雨的来临，但我们可以在它来临时保持一种愉悦的心情。太多的愤怒，只会搅乱我们的思绪，弄坏我们的心情，使我们变得浮躁、琐碎、浅薄、愚蠢而又庸俗。理智地控制愤怒，才是我们高明与进步的表现。学会有效制怒不仅是一种很高的人生修养，而且是人在社会上生存、发展所必不可少的能力。

## 发脾气的作用就是搅局

在日常生活中，常见妻子叮嘱在单位爱发脾气的丈夫，少发脾气。人们都知道，发脾气一点好处也没有，它唯一的作用就是坏事、搅局。某公司的一位销售主管是暴脾气，有一次他代表公司去参加产品展销会，在会上他遇到了曾让他觉得很吃亏的客户。当时那位客户正当着二十多人的面在讲他要什么标准的产品。而这位主管直接冲到那位客户面前，指着人家的鼻子骂骗子，瞬间搅乱了场上的秩序。结果，他被保安拉走，事才平息下来。过后，他们的公司损失了一大笔订单，那位主管本人也受到公司的处罚调离了原先的岗位。

不管这位销售主管与对方是私怨还是公事，单就在这样的场合发脾气就很失礼也不合时宜，他被单位处罚也是咎由自取。

所以说，在生活中，不管你是谁，是为了什么事，凡事不能容忍，动辄发怒，就一定不会有好结果。而换一种情景，如果在下位的人，不顾礼仪，逞强发怒，一定会冒犯上位的人。只要有一方不知道制怒，而轻易发作的话，后果都是贻害更多的人。

唐太宗贞观二年，河南有个叫李好德的人有精神病，常乱讲一些妖方，皇帝下令大理丞相张蕴古去察访此事。张蕴古察访后上奏折说李好德确实有病，而且有检验结果，不应当抓起来。但有人上书弹劾张蕴古，因为张蕴古是相州人，而李好德的哥哥李厚德是相州刺史，所以张蕴古讨好顺从他，考察之情也不会实事求是。对此皇帝很生气，在街上就把张蕴古杀了。后来此事为魏征处理，查证了张蕴古的冤情，皇帝暗地里很后悔。

由于自己一时的怒气，不详细核实，不做认真细致的调查，就草菅人命，唐太宗也过于轻率了。这是不忍怒气的后果。人一发怒，出于一时的激愤，做事就有可能过火，等认识到问题的严重性，就为时已晚了。

有一次，唐太宗因为瀛州刺史卢祖尚文武双全，廉直公正，征召他进朝廷，告诉他："交趾久久没有得到适当的人去管理，现在需你去镇抚。"卢祖尚行礼感谢后出来，不久就感到后悔，他托病推辞。皇上派杜如晦等人宣读诏书，卢祖尚坚决推辞，皇上非常生气，说："我派人都派不出去，还怎么处理政务？"下令把他杀了，但很快又感到后悔。魏征对他说："齐文宣帝要任青州长史姚恺为光州刺史，姚恺不肯去。文宣帝气愤地责备他，他回答说：'我先任大州的官职，只有功绩并没有犯罪，现在却让我担任小州的官职，所以我不愿意去。'文宣帝就饶了他的死罪。"唐太宗说："卢祖尚虽然有失臣子的礼义，我杀了他也太过分，由此看来，我还不如文宣帝呢。"马上命令追复卢祖尚荫庇子孙任官的权利。

唐太宗认识到自己做事因怒不忍，过于急躁，连杀了两位臣子，悔恨之意溢于言表。尽管他知错能改，但毕竟有些事情是无法补救的。正是由于怒能造成严重的危害，所以古今中外有许多人都曾下工夫去研究制怒的办法。

## 抱怨的结果就是自己被边缘化

生活中，我们常常会听到有人这样感叹："怎么不管是穷人还是富人都有怨气呢？！"应该说，"怨气"也不是不应该有的，如果在工作上受到了不公正的对待，发点怨气也不行未免有点不合情理了。当心中的怨气胀的让自己像个气球了，如果不宣泄反而会憋得慌，抱怨完了心里才会舒畅些。从心理学角度说，抱怨就如同一剂镇痛药，一时的抱怨是可以的，可以有效地释放情绪，但永无休止的抱怨是有害处的。现实生活中，如果我们看什么都不顺眼，做什么事情都觉得不顺心，总是抱怨不但于事无补，还会损害身心健康。喜欢抱怨的人从一定程度上来说，他们对生活和人生的态度是扭曲的，正是这种扭曲的态度导致了事情得不到正确的解决。所以，生活中，即使遇到让人气愤的事，也不宜抱怨而应该以一种积极乐观的态度来面对，这样你才有可能赢得成功。

任何人要想有完美的生活，都宜少抱怨或不抱怨，因为与其抱怨不如改变，以一份接纳批评的包容心积极奋进，就能离成功越来越近。抱怨，其实是一种最消耗精力的无益举动。我们所抱怨的无非是一些与自己的观念相悖的事，或者是认为生活对自己不公平。但是，这样的抱怨有效果吗？那些抱怨自己的人，需要试着接纳自己；那些抱怨他人的人，应该试着将自己的抱怨化为请求；那些老是抱怨生活的人，应该学会勉励自己。如此，一个人才可以上进，快乐地工作和生活。

在一个公司，有一个叫方菲的女孩，她与同事齐敏被公认为最爱发牢骚的两个女人。她们对工作不是这里不满，就是那里不如意，方菲和齐敏常常在办公室交流心得。方菲说："齐敏就是第二张多米诺骨牌，每次我抱怨完了之后，她就开始了。"齐敏虽然知道抱怨是不对的，但还是忍不住继续下去，她说："其实抱怨完了，工作和生活还是照样，什么都改变不了，看起来就像是阿Q的精神胜利法，但是，我已经上瘾了。"而且，方菲和齐敏都有这样的感觉，好像每天面对着工作和同事不抱怨和发泄点怒气就不舒服。

其实，方菲和齐敏不过是众多爱抱怨者中的一对。而抱怨给她们俩人带来的除了办公室上上下下同事的反感，上司时不时的几句斥责外，什么也没得到。

王力是一个入职公司已经两年多的员工，他工作认真又细致，给上司和同事留下了很好的印象。可是，熟悉他的人都知道他有一个缺点，那就是工作起来老喜欢抱怨，牢骚发个不停。只要上司交给他新的工作任务，他总会在办公室里抱怨，"难度较大的工作就找我""这么辛苦工作，也不给我涨工资""工作都干烦了""等我以后做了老板"……虽然他喜欢抱怨，但每次抱怨完还是将工作圆满完成。不过，在同一个办公室，他抱怨起来，多少会影响其他同事工作的心情。

有一次王力在电脑前边工作边抱怨。这时，上司正好走进了办公室，王力没有发觉，仍然一边打字一边抱怨："物价涨得那么快，一天工作累得够呛，工作还是那么点钱……"他根本不知道老板就在自己后面，身边的同事也不好意思提醒他，有个好心的同事咳嗽了一声提示他，可他并没有反应过来，反而说道："你咳嗽啥，我说得不对吗？"这时，他才发现上司就站在自己旁边，场面极其尴尬，不过，上司什么话也没说就转身离开了办公室。

后来，有一些重要的工作上司也不再找他了，王力逐渐失去了上司的信任。前不久，公司准备提拔一个部门经理，就资历和能力来说，王力是最合适的人选。然而，上司却将部门经理的职位给了比他还晚入公司半年的小郭，虽然小郭在很多方面比不上王力，但他勤勤恳恳，从来不抱怨也不发牢骚。失去了升职机会的王力心理失衡，变本加厉，整天满腹牢骚，怨声载道，工作态度也大不如从前。渐渐地，上司对王力有了很深的成见，最后，王力不得不选择辞职。

在工作中，只有做好本职工作才能赢得上司的肯定与认可，抱怨也好，发牢骚也好只能让自己在单位里越来越被边缘化。

## 压不住火就会失去自控力

在生活中，如果动了火气就影响办事的效果，这是每一个有生活阅历的人都明白的道理。因此，我们办事的时候，一定要压住自己的火气。如果做不到这一点，恐怕好命或机会就与我们无缘了。

有一位叫文杰的年轻人就经历了这样一个应聘工作的历程。应聘前，他认为自己足够优秀，能胜任那份工作，结果却还是擦肩而过。

一天，他被约在公司总部进行最后一轮面试。他明白这次面试对自己的意义，因此处处表现的小心谨慎，避免让自己的言谈举止出现任何问题。最后一轮面试，面试人员要求他做一件事——把一个资料袋交给在大楼总经理室办公的总经理。然后，再把总经理签过字的回函拿回来。

这件事看起来很简单，在文杰看来，这甚至都称不上是面试。面试地点在公司大楼的一层，总经理室在五层，楼内没有安装电梯。接受指令后，他来到五楼楼梯口的时候，却发现面试人员没有把身份卡片交给他，这让他无法通过那里来到总经理办公室。于是，他又不得不回到一楼，找到面试人员借取身份卡片。

面试人员把身份识别卡交给他，叮嘱他一些其他的注意事项。文杰在检查确认完毕后，重新上了五楼，这次顺利通过。就在来到总经理办公室的时候，他被秘书告知，总经理正在处理公务，他需要在会议室等待一段时间。随后，秘书拿来一本杂志和一杯水，文杰坐了下来等待着总经理处理工作。就在他刚准备要看第二本杂志的时候，秘书走进会议室，告知他可以进去了。

随后，文杰被总经理告知，文件上没有面试人员的签字，也没有部门印章，自己不能签字。文杰听完，立马就感到一些不舒服，面试人员怎么会犯这样低级的错误！于是，又来到了一楼，找到主管签字，并让其再一次确认文件是否合格。临走前，主管给了他一盒东西，让他交给总经理处置。文杰眼看着面试从早晨持续到了下午，心里又是焦急，又是疑惑。但他还是极不情愿地再一次来到了总经理办公室，把文件和盒子一并交给了总经理。

总经理笑着对文杰说:"这份文件是行政部门让他交给我签字的,说是之前关于公司采购办公文具的一件小事,本来不用我签字的,但习惯性地看落款签名了。所以就让你下去要他的签字。"随后,摆手让他坐下,似乎还有话要说。

可文杰却非常生气地对经理说:"这本来就不是一件什么急事,为什么不能让公司的行政助理来做。而且,这种根本算不上是面试,简直就是在整蛊。现在,看不出来公司考验到了什么,倒是看出来公司并不尊重应聘者。来回上下跑,而且这些所谓的职能部门也都只会作秀,这样的公司会有好的前途吗?仅仅一个无关轻重的行政审批,都需要自己花费这么长的时间,那么到底有多少时间会用在其他正事上。我的命运不能给这样的公司陪葬!"说完,准备离开。

这时,总经理叫住了他,对他说道:"今天本是要你过来签约的,但人事主管觉得你可以先经手做一些助理的工作,就先拜托你做了这件事。但是你适应不了这里重复繁琐的工作,我只能说'很遗憾'。"

对这样的结果,文杰虽然心里后悔,但话已至此,没有反悔的余地了,文杰瞬间就从唾手可得的职位中回到了原点,之前的一切计划瞬间化成了泡影。事实上,生气会让人失去自我控制的能力,随后会做出一些让自己后悔的事。明知道,自己距离成功只有一步之遥,但最后因为生气而功亏一篑。生活和工作并没有那么多缠绕着光环的事件,每一天最主要的内容还是在于一点一滴的小事,重复且枯燥的小事才是生活最大的主题。因为一点小事随时随地生气的人,采撷不到丰硕的果实,因为他们无法理解在夜晚熄灯后还在努力耕耘的过程,他们看到的不过是日出后光鲜的生活罢了。生气只会让人变得冲动且没有理智。

文杰失败的原因并不在于不够优秀,而是在于生气导致了他的心

第四章　愤怒是坏事的根苗

态失衡。生活往往如是，不是不够坚持，而是忘记了初心，走不完最后一步。

## 暴怒偏激如雷霆，人生灰暗难灿烂

在这个世界上，许多人的生活平淡卑微。究其原因，很重要的一点就是自己脾气不好无法得到别人的亲近和赏识。在生活中，常常见到一些不能控制自己脾气的人，他们遇到一点争论或不顺心的事马上表现得很极端，使人难堪、尴尬，甚至伤害别人的自尊心、自信心。这样一来，长期的奋斗和积累，会因性格恶劣而毁于一旦，即使身处高位，也会在一夜之间失去一切。

有一位先生，自我要求很严，二十年里兢兢业业，不辞辛苦，在家庭、公司和邻里之间都有很好的声誉。但却因一件偶然的事情，他无法控制情绪，大发雷霆，令周围的人惊讶不已，大家仿佛第一次看清了他的真面目。从此，他的声誉一落千丈。

还有一个人，出身名门，家庭背景极好，自己也因此获得了一个很不错的职位。只可惜，由于性格方面的缺陷，不能在高位上持续提升，最后落得个众叛亲离的下场。

对于一个才华出众的人来说，只是由于脾气暴躁而被淘汰出局，不是很遗憾吗？如果一个精明强悍、脑袋聪明、充满活力的人，只是因为性情乖戾而求职无门，不得不举债度日，又是多么可惜啊！

如果一个人十年寒窗，不懈努力，在事业上刚刚有些起色，得到一个体面的社会地位，却因一时冲动，而把成果丢得一干二净，这是多么愚蠢啊！这就好比一个雕刻艺术家，他在一块很好的大理石上精雕细刻，长年累月地工作，却在大功告成时，一时性起，把它砸得粉碎。

当然，这种情况极其少见，但生活中与之相似的人实在不少。有的人稍受批评和指责就勃然大怒，认为别人的中肯意见是对自己的有意冒犯，甚至是在公开侮辱自己，这是缺乏自知之明，对自己没有自信的表现。对待下级的态度往往很恶劣，要求也很过分，在员工中制造紧张气氛，使他们如履薄冰，无法安心工作。这种做法是完全错误的。

在美国，一位刚刚崭露头角的候选人向一位资深的政界要人请教如何拉选票，如何在政治上获得成功。

政客提出了一个条件："你每次打断我说话，就得付5美元。"

候选人说："好的，没问题。"

政客说："第一条，听到别人诋毁或污蔑你时，切勿动怒。"

"噢，我能做到。不管人们说我什么，我都不会生气。我对别人的话毫不在意。"

"很好，这是我的第一条经验。但是，坦白地说，我不愿意让你这种不道德的流氓当选……"

"先生，你怎么能……"

"请付5美元。"

"哦！这只是一个教训，对不对？"

"是的，这是一个教训。但我确实认为你是个流氓……"

"你怎么能这么说……"

"请付5美元。"

"嘀！嘀！"候选人气急败坏地说，"这又是一个教训，你的10美元赚得也太容易了！"

"没错，10美元。是不是把钱付清，我们再继续？谁都知道你是个不讲信用的无赖……"

"你这个可恶的家伙！"

"请付5美元。"

"啊！又一个教训。我还是控制控制自己的脾气吧。"

"好，我收回前面的话，我并不是那么想的，我认为你是一个值得尊敬的人物，考虑到你低贱的家庭出身以及那个声名狼藉的父亲……"

"你才是个声名狼藉的恶棍！"

"请付5美元。"

就这样，年轻的候选人交了20美元的学费，上了一堂自我克制课。

政客又告诉他："在政坛上，就不是5美元的问题了，记住，你每一次发火，至少会失去一张选票。"

出言不逊从未给任何人带来过任何好处，因为那是心理不成熟的标志。没有人会因它而更强大、更富有、更快乐或更聪明。它让教养良好的人反感、厌恶。

衡量一个人的力量，必须看他能在多大程度上克制自己的情感，而不是看他发怒时爆发出来的威力。拥有强烈感情却保持贞洁的人、遭到挑衅却仍然能控制自己并宽恕别人的人——这样的人才是真正的强者，精神上的英雄！

面临突然挑衅，要一言不发，表现出未受干扰的平静心态。如果一个人发怒了，或者仅仅因为当时的愤怒，或者因为自己不小心说错了话，或者表现出内心深处的真实想法，从而有失风度，随后必定会深以为耻。神经紧张而易怒是人的个性中的最重大的缺陷之一，往往激化矛盾并使之心存报复，破坏一个人待人处事的原则，使生活变得一团糟。

本杰明·富兰克林作为美国著名的科学家、政治家、社会活动家，除了在科学上有重大建树外，曾参与《独立宣言》的起草，他为了改变急躁直露的性格，虚心接受来自各方面的劝说和批评，特意给自己立了一条规矩：绝不正面反对别人的意见，也不准自己武断行事。在什么场合应该说什么、应该怎么说，不可以说什么、不可以怎么说，都有规则。他绝不允许在自己的文字和语言中用"当然""无"等太肯定的词。他要求自己做到不急于表态，不造成面子上过不去的局面。即使面对下属不妥当的请求、汇报和陈述，也不立刻驳斥，立即指出对方的错误，而是说："你的意见没有错，但在目前情况下，还需要再斟酌。"富兰克林用这种方法有效地克服了自己性格中的缺陷，成为最受美国人尊敬的人。他成功的秘诀，带给后人耐人寻味的启示。

富兰克林告诫青年：消融暴怒偏激的情绪，能使人际关系和谐，使生活充满阳光和欢笑。记住这句话，让我们人生的每一天都阳光灿烂。

## 愤怒是一辈子都得吃的后悔药

人都是有脾气的，但有的可以发，有的不能发，对于不该发的脾气，没有人说你是病猫。相反，你还可能受到周围人的赞赏，因为你是个理性的人。其实发怒最大的受害者是我们自身，经常发怒伤身不说，还会影响人际关系，发怒会使我们的成功道路上涌来不可预料的坎坷。总之，发怒造成的后果会让人后悔一辈子。发脾气有这样大的恶果，我们一定要认识到它的真面目，以免为它而一辈子都吃后悔药。

说到愤怒这个恶魔，有一个外国的例子，它的疯狂表现让人听了振聋发聩：

有一位妻子向丈夫抱怨道："亨利，我需要一把新剪刀。"

丈夫对她说："可是我们没有多余的钱来买剪刀呀。"

妻子坚持道："可是我真的需要一把新剪刀啊。"

丈夫顿了顿说："再等等吧。"

可妻子坚持说："不能等，我现在就要。"

这时丈夫心中升起一丝怒火："你如果再提剪刀的事情，我就把你拖出去扔进井里。"

谁知，妻子的火气也上来了，故意大声说道："剪刀！剪刀！"

这时，丈夫终于被彻底激怒了，他抓住妻子，边拖边叫道："你还敢不敢提剪刀两个字了？"

妻子嘴里仍然一个劲地叫道："剪刀，剪刀……"同时拿脚疯狂地踢着丈夫。

"好吧，这是你自讨苦吃。"丈夫毫不犹豫地把妻子拖到水井旁边，拿过绳子套在妻子的身上，打了个结，把妻子吊进了水井里。

吊到一半的时候，丈夫问妻子："如果你答应不再提剪刀的事，我就把你拉上来。"但是井里仍然传来"剪刀，剪刀"的呐喊声。

"那就没办法了。"丈夫边说边加快了速度，把妻子完全放进了水里。

丈夫伸进头去，看到妻子已经被井水完全淹没了，但是水面上仍然有伸出的两个手指头形成剪刀的样子在使劲挥舞着。

过了10分钟后,丈夫再次伸进头去,发现井面平静如初了……

这是倔犟又抱怨的妻子自找苦吃?还是贫穷又自尊的丈夫引发的祸?虽然说"一个巴掌拍不响",但始作俑者还是怒火:怒火的罪恶可以说是罄竹难书。

在美国加州有一个男人,这个男人爱车如命,他有一辆小卡车,他非常喜欢,为了维持卡车的崭新和美观,他不仅每天都洗车而且经常给卡车做全套的保养。这个男人还是一位父亲,他有一个4岁大的可爱女儿。

一天,父亲不在家,小女孩在车子旁边玩耍,不知觉地就拿着一块石头在卡车上学习写字画画,并且划出了长长的道痕。他的父亲回来之后,看到心爱的卡车被划得如此目不忍睹,一气之下就拿出来一根铁丝把女儿的双手绑起来,固定在车库里,让她在车库罚站。接着这位父亲在烦恼之下开着卡车兜风去了……

等到他回来后,才想起自己的女儿还绑在车库里,而那已是4个小时以后了。此时,这位父亲才着急了,把捆绑女儿的铁丝解开后,发现女儿的双手已经不能动弹,因为双手已经被铁丝勒得血液不通了。

父亲把女儿进到医院后,医生告诉他必须要截去女儿的双手,因为手掌大部分已经坏死,不截掉可能会很危险,危及到生命。小女孩失去了自己的双手,可是她却不明白到底发生了什么……而她的父亲则只能在心里深深地愧疚和难过。

半年后,这个男人把他的卡车送进修理厂重新烤漆,于是,卡车又变成全新的了。当小女孩看到父亲开着崭新的卡车回来后,赞叹道:

第四章 愤怒是坏事的根苗

"爸爸，你的卡车好漂亮啊，简直跟新的一样。"接着，小女孩伸出截掉双手的胳膊，用天真无邪的目光看着自己的父亲说道："可是您什么时候还我的双手呢？"

听了女儿的这句话，这位父亲顿时仰在车座上，他无法回答女儿。他从座位底下掏出手枪打在了自己的头上……

可见，愤怒的结果是凄惨的，因此，我们时刻要警惕它的发生。

# 第五章 愤怒既伤身又伤友谊

对于任何一种事物或思想,只有从多角度和多层面进行剖析,才能全面而正确地了解它、认识它。比如:一个人发怒的时候,他可能表现出暴怒、震怒;也可能是抱怨和生气。而表现形式可能是怒骂、伤人;也可能是摔东西,说气话。而每一种反应,都有着不同的结果。也就是说,愤怒的表现是分层次的,损害也是有轻有重的,理应从多方面的角度去考虑并加以克制和预防。

## 一动怒就意味着你要做蠢事

生活实践告诉我们：凡是喜庆的事、快乐的事都是人们在祥和的气氛下进行的，而一旦是充满了火药味或怒气的场合，多半是要发生不幸事件，起码是人们都不愿意看到的事件。

生活不可能总是平和的，因此，生活中人们也不能总保持平顺和美的状态。为了一点小事，生点小气是正常的，但不能为小事而动怒。

现实生活中，我们经常可以看到这样的情形：几个小青年在一起打篮球。一个青年突破上篮，而另一个青年却从身后打手犯规。一个很好的进球机会被破坏了，心里自然会对犯规者不满意，甚至对其有点生气，这是正常的。但如果为此事而动怒，大打出手就太出格了。然而，生活中因小事动怒而酿成的悲剧却举不胜举。

白先生本来在周末与妻子约好带12岁的儿子上街给儿子买球鞋，可白先生被朋友约去喝酒，竟把这件事给忘了，而且那天很晚才回家。当他回家时，儿子因为生气就没有给他开门，白先生敲了半小时左右的门，并承诺明天一定带他去买鞋。这样，又过了几分钟，也就在儿子将要给他开门时，白先生的气也上来了，一脚就把门踹开了，门边恰好打在儿子的眼睛上，当时就把眼睛打裂了，落下了终身残疾。

生活中，很多人遇到晦气的事或不顺心的事以后都免不了表现出郁闷、低沉的情绪，甚至怨天尤人，最终把自己弄得很生气。小孩不听话，气！自己的工作没做好，气！别人在背后说闲话，气！诸如此类，不胜枚举。在生气的状态下往往又会表现出冲动的行为，"一气之下"做出了一些让自己后悔不已的行为。而这些行为，不仅伤害别人、伤害自己，还损害了自己的形象。但是如果静下心来仔细想想，就会发现：其实，为了这些琐碎的小事而气的七窍生烟是不值得的。

正常的人遇到不痛快的事，都难免要发点脾气。喜怒哀乐，人之常情，无可非议，但如不适当地控制自己的感情，盛怒之下做出傻事、蠢事，过后就会一直活在悔恨之中。

在现代生活中，不乏生气、盛怒而身亡者。俗话说"一碗饭填不饱肚子，一口气能把人撑死"。人因怒而死亡的事也屡见不鲜。某媒体就报道过一则"为300元生气，生病老汉拔掉针头拒绝进食竟饿死"为标题的新闻。具体经过是：某市的一位六旬老汉因旧病复发，被送至镇医院抢救。老汉在昏迷中大小便失禁，儿子将脏裤子脱下，顺手扔到病房的角落里。老汉病体恢复后，被儿子接回家中调养。一日，老汉突然向儿子要那条脏裤子，说里面有300多元钱。儿子好不容易在医院垃圾堆里找到那条裤子，但没钱。老汉认为这钱是被儿子私下拿走了，一气之下，他拒绝吃药和进食，任凭他人如何劝解也无济于事，每日只靠喝点井水维持。一周之后，老汉终于连气带饿而死。

怒往往由气而生，气怒损生是有一定科学道理的。人之所以会被"气"死，是因为当人发怒时，会出现心跳过速，特别是有高血压、心脏病的人，往往会因为发怒而引起心律失常，或是发生心肌梗死而导致死亡。怒气犹如人体中的一枚定时炸弹，随时都可酿成大祸。古人说的"怒从心头起，恶向胆边生"就是这个道理。

凡事皆有度，发怒也不能例外，特别是本来身体就有病患的人，就更应该注意疏导和理顺自己心中的不良情绪。从人体保健学上看，过怒会影响身体各生理器官已是常识。"怒"，是一团喷出的火，是一柄呼啸出鞘的剑。俗话说"怒不可遏""怒从心头起",怒一突破理智的防线,犹如裂空而出的闪电,烧灼的是以自己生命为代价的健康。这不能不引起我们的重视。

## 只要动怒就先输一招

在生活中,由过度的喜和乐而坏事的例子也不少,但为什么偏偏要拿发怒的方式来说事呢?经过人们长期的经验积累得出这样的结论:因情绪过激而引发的不幸事件或是人们不愿看到的事件最多。所以,克制愤怒是每个人都应考虑的课题,让怒火肆意发泄而不加抑制的人,只配做莽夫,是难成大事的。

世上让人愤怒的事太多,特别在名利场上,不开心的争斗无法避免,如果气个没完,乱了章法,是无法获胜的。

明神宗时,在朝为官的李三才针对当时的矿税弊端,极力主张罢除天下矿税。他气呼呼地对明神宗说:"皇上爱财,也该让老百姓得到温饱。皇上为了私利而盘剥百姓,有害国家之本,这样做是不行的。"

李三才一点也不掩饰自己的愤怒,说话也不客气,一下把明神宗激怒了。李三才被免去官职,他建议的事更不可能实行。

后来李三才东山再起,有好友担心他的安危,于是对他说:"你嫉恶如仇,恨不得把奸人铲除,但不能喜怒都挂在脸上,让人一看便知啊。和小人对抗不能只凭愤怒,你应该巧妙行事。"

李三才认为这样可耻,他说:"我就是这样,和小人没有必要和和气气的。小人都是欺软怕硬的家伙,要让他们知道我的厉害。"

李三才天天和奸小对抗,朝中奸小把他视为死敌,联合起来对付他。

李三才的处境越来越困难,他的友人又给他出主意说:"我听说善于作战的人,是不会轻易表露愤怒之情的,因为愤怒并不能战胜敌人,只会使自己心绪不宁。你现在不控制自己的愤怒,对朝中奸人个个攻击,你只能失败了。"

不久,李三才果然又一次被免除官职,而那群奸小却未损分毫。

回到老家,李三才的麻烦还是不断。朝中奸小担心他会被重新起用,于是继续攻击他,想把他彻底搞臭。

御史刘光复诬陷李三才他盗窃皇木,营建私宅,还一口咬定李三才勾结朝官,应该严加治罪。

李三才愤怒异常,不停地写奏书为自己辩护,揭露奸小的阴谋。他对皇上也有了怨气,抱怨道:"我这个人是忠是奸,皇上应该知道的。皇上不能只听奸小的坏话,而不听我的忠言解释。如果是这样,皇上就对我有失公平了,而得意的是奸贼。"

李三才态度不软,朝中奸小攻击的火力就越猛。李三才说话火药味十足,连皇上都不想看他的奏书了。

最后,明神宗下旨收回了先前给他的一切封赏,并严词责他,于是李三才在官场上彻底失势了。

李三才只会愤怒,不会在进攻中保护自己,他的失败是很正常的。凭一腔热血和反对势力较量,是远远不够的。李三才如果多讲究一些方法和策略,少些怒气,不得罪那么些人,也不至于失败得那么惨,而且他还是有不少成功希望的。

可见在不同意见的争辩中,即使你的建议是对的,但你若不能以平和以及能让人接受的方式来表达,就是先输了一局,而挽回败局是很困难的。

## 别因某件事不公平就来气

现实生活中，每个人的心里都会有一些不平衡。比如：昔日和自己生活水平差不多的同学、同事或是邻居赚了钱，升了职，买了车，买了新房……相比之下就会产生心理不平衡，而这种心理不平衡又会演变成怒气或怨气发出来。倘若在追求平衡中，你能不昧良知、不损害别人，自觉接受道德的约束和限制，通过正当的努力、奋斗去实现人生的自我价值，达到一种新的平衡，倒也是值得称道和庆幸的；倘若在追求平衡中，你不择手段、丧失道义、膨胀自私贪欲之心，让身心处于一种失控的状态中，那么就必然会产生一些意想不到的可怕后果。由此，你的人生必将陷入难以回旋的败局之中。

有这样一个人，原先曾是个表现不错、工作很有干劲也很有实力的管理者，因政绩突出不断受到提拔，直到升至市一级领导干部。但是，当他看到过去的同事、同学通过各种途径都富起来的现实状况，想想自己职位比他们高，然而钱却比他们少得多。特别是每到年终为一些厂长经理发奖金，少则几万元，多则十几万元时，心理就更失衡了。自己作为一市之长，担子比他们重，责任比他们大，工作也比他们辛苦，却两手空空，囊中羞涩，心里深感不平衡，由此也就有了"何不捞点钱"的想法。于是在他任职期间，大肆收受贿赂。这样，他思想上警惕的闸门在不平衡心理的驱动之下终于失控了，欲望的洪水顿时倾泻而下，一发不可收拾，最后因触犯法律而成了阶下囚。

有一位老师原先在教学上精益求精、兢兢业业，对学生无私奉献。但当他眼见身边的一些人通过各种手段富起来时，心里也不平衡了。学校要集资建房，口袋里没有钱，眼巴巴地望着别人搬进了宽敞明亮的新居，自己却仍然要住在低矮破旧的小平房里，对比之下，备感失落和失衡。于是，靠山吃山，靠水吃水，靠学生就吃学生。他先是暗示学生家长节假日送礼，接着便是公开地索要，再往后就干脆勒令班级几十名学生晚上到他家补课，每人每月收取几十元补课费，收入既可观又合"情"合"理"。白天课堂上尽量少讲，学生有什么问题晚上到家里去补。一年下来，腰包鼓了，高档家具置了，名牌时装穿了，几万元住房集资款也筹齐了。然而，正当他干得起劲之时，却得到了学校的黄牌警告，自己先前树立的那种为人师表的美好形象也消失得无影无踪了。

不平衡使得一部分人的心理自始至终处于一种极度不安的焦躁、矛盾、激愤之中，使他们牢骚满腹，不思进取，工作中得过且过，心思不专，更有甚者铤而走险，为求得平衡，不惜以身试法，最后毁掉前程。

不平衡心理源于比较，源于比较方式的不当，源于比较"参照系"选择的失误。上面所说的某官的腐败及某教师的师德败坏，他们所选择的比较"参照系"只是少数富裕起来的一掷千金的大款，自认为能力才华不比他们差，而收入却比他们少，这是多么不公平啊！而其实，只要我们多想一想那些普通工人、农民、个体劳动者，我们的心里又怎么会有这么多的焦灼、急躁与失落，甚至是愤愤不平呢？

当今社会，在种种诱惑特别是金钱美色的诱惑面前，在追求心理平衡的过程中，向腐败、堕落的目标迈进，这更是一种不可逆转的真正的失衡，结果只有一个，那就是倾斜到让你滑向深渊。

## 生气就是自己在作践自己

德国古典哲学家康德曾说:"发怒,是用别人的错误来惩罚自己。"也是自己在作践自己。我们在生气时发狂,拍桌子摔杯子,结果会如何呢?其实答案自己过后都可以回答,自己掏钱买杯子。如果惹恼了客户,丢了订单,还要向领导请罪,这是何苦呢?

有位在路边卖菜的妇女,生意一直不错。但没过多久,来了一位卖菜老头把菜摆在了她的摊位旁边,妇女见对方是上了年纪的人,就没和他计较,心想摊位也不是买的,各卖各的呗。她的这种想法也算明智,合情理。可没想到,新来的卖菜老头竟然将菜价调得比她的低,结果就把她大部分生意给抢走了。这气可让她咽不下去了,就和老头理论,说着说着两人就吵了起来,吵了半天也没吵出个结果。卖完菜回到家后,这位妇女越想越生气,就把这件事和丈夫说了。

第二天这位妇女和她丈夫一起来到市场,找老汉"算账",这位丈夫的火气可谓十足,两句话过后就把老头揍了一顿,为妻子出了气。老头家人知道了就报了警,经民警调解,这位妇女和她的丈夫赔偿老汉医药费等共1000元钱。这可是让她卖上两个月的菜才能挣到的钱啊!

事后这位妇女觉得这钱赔得冤枉,越想越觉得心里窝火,于是又把火引到了丈夫身上,结果弄的两口子干了好几天仗。待到她们和好了再去原来的地方卖菜时,菜摊早已被人占满了。

有时候别人的做法可能有些不妥,但如果一味纠缠在这种情绪之

中,而不是自我调节,只知道生气,大多数时候是无济于事的。当我们不考虑任何实际情况,当愤怒越发激烈变成行动时,甚至会引发更大的损害。

总之,用生气来作践自己可谓既愚蠢又可悲。

有一天,佛陀在寺庙里静修的时候,有一个人破门而入,找佛陀理论,因为其他人都出家到佛陀这里来了,而他自己却没能得到允许,这令他很生气。

他不禁对佛陀进行了无端指责,甚至还有谩骂,佛陀安静地听完他的无理谩骂之后,问他:"你的家里曾来过客人吗?""当然来过,这还用问吗?""那个时候,你也会款待客人吧?""那还用说!""假如访客不接受你的款待,那么那些做好的菜肴应该归于谁呢?""你问的话好没意思,我们家自己做的菜饭不归我归谁啊?"

问完这些,佛陀笑了,看着他说:"你今天在我的面前说了很多让人生气的话,但是我没有接受,所以就像刚才我问你的话一样,你自己做的,只能归你自己。如果我被谩骂,而对你恶语相向时,就犹如主客一起用餐一样,因此我不能自己作践自己。"

最后,佛陀告诉他:"对愤怒的人,以愤怒相向,是一件不应该的事。不以愤怒相向的人,将得到两个胜利:知道他人的愤怒,而以正念镇静自己的人,不但能胜于自己,也能胜于他人。"

在生活中,很多人并没有佛陀的境界,心中怎么也不愿意宽恕别人的过错。比如下级犯了错误,上级很生气,于是声色俱厉地责备下属,结果让下属认为上级很没涵养;上级制定的制度不公正,下级有意见,私下抱怨,而常遭小鞋穿,伤的也是自己;同事之间勾心斗角、相互猜疑,伤的还是自己。犯错误应该受到惩罚,但未必要通过生气来实现,既然错误在他,为何你要生气?别人犯了错,而你去生气，岂不是拿别人的错误来惩罚自己？别人的愤怒和过错都还给别人吧，那不属于你。你没有必要为那些不属于自己又烦扰到自己身心的事而停留片刻，多一秒停留便会多一秒烦忧。

面对他人的过错，能够做到不生气的人，才是生活的智者。生别人的气，不是在惩罚他人，而是在惩罚自己。

## 坏情绪害人，千万染不得

坏情绪不但会让人失去理智，做出傻事，还会对人们的身心造成严重损害。俗话说"病由心生"，是有科学道理的。心理学的研究结果证明，消极的情绪会诱使人体生病，也能使原有的病情恶化。

有位女画家，多年来致力于绘画，却鲜有杰作，常常感觉压力很大。因此，她常常生自己的气，怎么就会没有突破呢。为此，她郁郁寡欢，茶饭无味，睡觉不香，她甚至发现自己还患上了手抖的毛病，尤其是当她特别想画好某一笔时，手就抖得特别厉害。而这是绘画的大忌啊！时间一长，她还感到胃疼，到医院一检查，她得了胃炎。

其实，这并不奇怪，肠胃被认为是最能表达情绪的器官，稍许的情绪波动都会引起肠胃不适。很多人都有这样的经历：每当遇到紧张、焦虑的状况，就会胃疼或腹泻。

根据美国医生约翰·辛德勒的研究，76%的人类疾病都跟情绪有着直接或间接的关系。一个人长期处于压抑或不满的情绪中，如抑郁、悲伤、恐惧、愤怒等，很容易诱发癌症、高血压、糖尿病、心脏病、心血管疾病，以及其他一些胃肠性疾病，严重的甚至会危及生命。

英国著名生理学家约翰·亨特就是个脾气暴躁的家伙，更糟糕的是，他还患有严重的心脏病。他本人也深知脾气不好的危害，可就是管不住自己发脾气。他经常跟别人开玩笑说："如果谁想杀我，只要激怒我就可以了。"有好几次，他的妻子就是因为激怒他而差点把他送到天堂去。当然，亨特的妻子并不想激怒丈夫，更没有伤害他的念头。不过，最后还是愤怒要了他的性命。在一次学术会议上，亨特跟其他学者就某个问题展开了激烈讨论，由于与他人意见不合，他非常愤怒，最后在激烈的争吵声中昏倒在地。当人们把他送到医院时，亨特已经没了呼吸，他死于冠状动脉栓塞。

生活中这样的事例太多了，在古典小说《三国演义》中诸葛亮三气周瑜的故事可谓家喻户晓。大都督周瑜本是能文能武的儒将，才华出众，只可惜气量太小，见不得比自己能力强的人，而诸葛亮偏偏就是那个略胜他一筹的人。在几次三番输给诸葛亮之后，周瑜气不过，一命呜呼。临终前还感慨道："既生瑜，何生亮！"所以说，他的死怨不得别人，是他的愤闷情绪葬送了他自己的生命。

此外，还有《红楼梦》里的林黛玉。虽得了肺痨，但真正要她命的却是长期郁积在心中的气，她心眼小，爱生气，一看到贾宝玉对哪个小丫头好了，她就来气，赞美别的姑娘而没赞美她，她也来气。如果她能豁达点，看开一些，像薛宝钗那样精于世故，也许会活得更久，说不定还能获得自己向往的爱情。

《黄帝内经》是我国最早的医学典籍，里面有这样一种观点："百病皆生于气。"不仅如此，它还指出不同情绪对身体的伤害，例如怒伤肝、忧伤肺、思伤脾、恐伤肾。现代医学也证明，人在生气的时候，会出现剧烈的生理反应，同时分泌很多的毒素，直接影响身体状况。所以，爱生气的人身体往往不健康，很难长寿。

一个人如果经常受负面情绪的影响，他的身体机能就会发生紊乱，给疾病上身留下隐患，而一个病人如果不能排除负面情绪的干扰，就会影响身体的康复。相反，一个心理健康的人即使得了重大疾病，如果能保持积极乐观的心态，也能够战胜病魔，取得医学上的奇迹。

现代医学表明，一个心情舒畅的人，其中枢神经系统往往处于最佳状态，内脏和内分泌活动会在中枢神经系统的调节下处于平衡状态，保持机体的协调有力，使人充满活力。

所以，一个人要保证身心的健康，就要保持心情乐观，不要被焦虑、愤怒、悲伤等情绪缠住不放，要学会自我调节，掌控自己的情绪，让积极、乐观的情绪充当自己身体的健康卫士。

## 怒气是你生活缺少快乐的重要原因

愤闷与快乐从本质上讲就是一对矛盾体，处在愤闷中的人是绝不会有快乐的。而愤怒的情绪和状态对人造成的不良影响也不只是让人感觉不出快乐那样简单。

愤怒可能导致人生中各种各样的问题，从争吵、紧张性头痛、被疏远等日常小麻烦到锒铛入狱、离婚或染上毒瘾等人生灾难性事件。因此，认识到愤怒情绪给人生带来的缺失很重要。

如果没有一个有说服力的原因，大多数人不愿意消耗大量的精力去改变自己的积习。弄明白愤怒情绪会怎样让你犯错误、给你惹麻烦或造成巨大损失是你控制自己的愤怒时首先要做的事情。了解你的愤怒情绪还可以让你的目标更为明确。例如，如果你每次开车的时候都感到压力巨大，怒火冲天，那么你的目标就是改掉你时不时就动气的脾气，避免怒火的爆发，直到开车时不管遇到什么事都不会再触发你的"路怒"。

下面是容易让人愤怒的几种典型的原因：

1. 你感觉愤怒是一件不正常的事情，因此采取了被动和敌对，而不是实事求是和坚定自信的态度；

2. 在外在对象或环境中感到极度愤怒，从而心里产生挑衅攻击行为、暴力、长期仇恨，对别人或自己造成伤害；

3. 自己的愤怒情绪与学校、工作单位或法律之间产生了麻烦；

4. 经常生气，将很多精力浪费在消极感受上；

5. 自己情绪极端化，阻碍了与他人融洽相处，疏远了朋友，破坏了已有的各种关系；

6. 冲动之下，你打碎或摔坏了物品造成了不必要的经济损失；

7. 有时为了消除心中的愤闷情绪，不得不借助药物和酒精；

8. 经常发脾气，医生曾警告你患有高血压、免疫力低等疾病或者有患有这些疾病的风险。

从一般情况上讲，没有人是不向往快乐生活的，那么，消除它的阻碍因素——愤怒就显得极为关键。而改变或消除发怒的习惯关键在于承认你的愤怒情绪，承认你可以控制愤怒产生的结果。因为其他人的行为而生气是一件很正常的事情——在多达80%的情形里，人们都认为人与人之间的关系是触发愤怒的原因。但是，牢记下面这些话，你就可以避免陷入一些常见的误区：没有人可以让你产生任何感受，愤怒是一种情绪，愤怒是你自己的情绪。情绪属于心灵的感受，只有自己才能体会自己的感受。

你在说"不要笑话，否则，你会让我感觉很自卑，也很不满；不要挖苦我"的时候,暗示的就是:"我出错的时候笑话我,意思是在挖苦我"这也是引起我愤怒的原因。摆脱这种思维方式,会让你重拾对愤怒的控制——只有你自己的思维方式才会触发你的感受。

不要不承认你的愤怒情绪是你自己的问题。你生气往往是你自己的问题,不管你是否将自己的愤怒情绪表现了出来,因为感到生气的人和面对愤怒结果的人都是你自己。不管你是将怒火憋在肚子里,还是发泄出来,被愤怒的副作用损害的是你自己的健康、生命和人际关系。关于这一点,你千万要牢记。

## 凡事有怒气掺和就一定没有好结果

凡是善于反省的人都有这样的经验:生活中,不管是大事还是小情,只要当事人是在气头上做事,多半会没有好结果。因为生气中的人,过度的情绪化让他不能按着正常思维的方式去思考问题,所以结果往往是悲剧性质的。而令人遗憾的是,引起一个人生气的原因多数只是一些小问题,然而人们却因无聊琐事而生气误事,实在是太不值了。

英国作家基普林在美国娶了一个美国妻子,结婚后,基普林便在当地修建了一幢非常漂亮的房子,他决定和妻子一起在美国度过婚后的生活。

妻子有一个哥哥,名叫比特。基普林和这位舅哥很谈得来,两人也就成了最要好的朋友。但令人遗憾的是两人却因为一些小事而结下了很深的矛盾。

矛盾源于基普林买下了比特的一块地皮，两人互相说定：虽然地皮的所有权归基普林所有，但比特有权收割这块地上的青草。可是当有一天比特看见基普林正把这块草地改建成花园时，他不乐意了。开始是满脸的怒色，之后竟然骂起基普林来，指责他为何不经过自己的同意就私自改建。基普林也不示弱，当场反驳道："我有权在自己的私有土地上做任何事。"一句话气得比特一连三天没和基普林说话，于是，这块草地之争使两个朋友结下了冤仇。

不久之后，基普林骑着一辆自行车在路上与比特碰了对面。因为比特当时坐在一辆双套马车上，路很窄，自行车与马车不能同时相向而行。于是比特要求基普林停下自行车让自己先过去。基普林觉得比特这样做太不讲道理，于是把比特告到了法院。事情的结果是基普林一无所获，他还不得不按照法庭的判决，跟妻子一起永远离开他在美国的这幢住宅。

一个不能够控制自己情绪的人不算聪明人，因为他不能很好地用理智驾驭情感，也不能处理好生活中事情的主次关系。

人的生命有限，如果我们将精力都纠缠在小事上，那岂不是浪费了宝贵的生命？生活是美好的，要尽可能快乐地生活，才会活得更开心、更有意义。想开一点，不要为一些无所谓的事情而伤神费力。两千多年前的古希腊政治家伯里克利就曾说过："我们太多地纠缠于小事了！"这一警言同样也适用于今天的人们。

美国医学专家米勒曾经做过一个测试。他向100名有过心肌梗死病史的人和另外100名健康人提出了一个相同的问题："在咖啡店里，侍者不小心将咖啡溅到了你的身上；在电车上你被人踩了脚；你刚买的新裤子被汽车溅满了泥水。如果你遭遇了上述现象，你会怎么办？"前者中大多数人的表情不是紧皱眉头，就是不悦沮丧，有的人还异常愤怒。但后者却并不放在心上，几乎都觉得那些只不过是小事罢了。

　　米勒由上面的测试得出了以下结论：多数有过心肌梗死病史的人是易于怒气冲冲的人，易于愤怒的人不是做事坏事，就是惹病伤身。

　　在纷乱复杂的生活中，不可能事事都能够完美，不可能件件都很顺心，不尽如人意的事总会发生。对于日常生活中的琐碎小事，完全用不着大动肝火。面对那些不值得生气的小事，我们为什么不能够平心静气地去处理呢？那样的话不仅能化干戈为玉帛，还能保持自己心态的平和宁静，让自己免遭怒气的伤害。

　　要想有一个好的心情，首先得战胜自己，别跟自己过不去。将自己的精力用到那些真正需要自己去奋斗的事上，就不会有时间为那些小事去叹息、去悲哀，生命也就不会因那些不值得的人和事而浪费。

## 别让自己活在慢性自杀中

　　生活中我们时不时会听到有人这样念叨："气死我了……气死我了……"想想看，我们自己是不是也经常这样生气、躁怒，是不是也经常为了一点小事就大动肝火，甚至气到脸红脖子粗、全身发抖呢？岂不知，动不动就生气会导致许多不良后果的发生，而其中最直接的一个，就是身心健康的受损！

　　美国生理学家爱尔马为研究生气对人健康的影响，进行了一个很简单的实验：把一只玻璃试管插在有冰有水的容器里，然后收集人们在不同情绪状态下的"气水"。结果发现：同一个人，当他心平气和

时，所呼出的气变成水后，澄清透明，一无杂色；悲痛时的"气水"有白色沉淀；悔恨时有淡绿色沉淀；生气时则有紫色沉淀。爱尔马把人生气时的"气水"注射在大白鼠身上，不料只过了几分钟，大白鼠就死了。他进而分析认为：如果一个人生气10分钟，其所耗费的精力，不亚于参加一次300米赛跑；人在生气时，是很难保持心理平衡的，这时，人体内就会分泌出一些带有毒素的物质，对身心健康非常不利。

美国心脏协会所发行的《循环》杂志指出：一个暴躁易怒的人，其心脏病发作或突然暴毙的几率，比较为冷静、不易生气的人高出两倍以上。

由巴尔的摩马里兰大学的心理学家阿恩沃尔夫·西格曼领导的一个研究小组对101名男性和95名女性进行了研究，其中包括44名已诊断有心脏病的人和99名没有得心脏病的人。研究包括测量每个人在运动之后心脏的血流量。

研究结果表明，与那些性情温和的人相比，控制欲较强的人得心脏病的风险会增加47%，易怒的人得心脏病的风险会增加27%。

中国传统医学在数千年前就总结出生气有损健康的结论。《黄帝内经》也明言告诫："怒伤肝。"肝在人体生理功能上的作用举足轻重，它不仅能分泌胆汁，调节人体新陈代谢，而且有解毒造血和凝血的作用。

怒伤脑。气愤之极，可使大脑思维突破常规活动，做出鲁莽或过激举动，反常行为又形成对大脑中枢的恶劣刺激，气血上冲，还会导致脑溢血。

怒伤神。生气时由于心情不能平静，难以入睡，致使神志恍惚，无精打采。

怒伤肤。经常生闷气会让你颜面憔悴、双眼浮肿、皱纹多生。

怒伤内分泌。生闷气可致甲状腺功能亢进。伤心气愤时心跳加快，出现心慌、胸闷的异常表现，甚至诱发心绞痛或心肌梗塞。

怒伤肺。生气时人呼吸急促，可致气逆、肺胀、气喘咳嗽，危害肺的健康。

怒伤肾。经常生气的人，可使肾气不畅，易致闭尿或尿失禁。

怒伤胃。气懑之时，不思饮食，久之必致胃肠消化功能紊乱。

易怒对人体的伤害如此之大，如此之广，真可谓坏脾气中的"七伤拳"。因经常生气而致使自身各个器官都受到损伤的人，其健康状况是可想而知的。平心静气地想一想，身体健康与发泄情绪之间孰重孰轻？答案自是一目了然。因此，日常生活中应学会善于控制情绪，尽量减少自己生气的频率，如此既有利于自己的身心健康，又有助于为自己树立良好的人际形象，何乐而不为呢？

经常生气、乱发脾气给人带来的痛苦究竟有多大？可能很多人都深有体会。但现实生活中脾气一旦上来，自己仍旧无法控制。其实，在自己将要"迁一怒而动全身"时，多想想乱发脾气给自己带来的严重后果，把改正坏脾气上升到维护身心健康与生命安全的高度。这样，经常生气的坏脾气也就不难改正了。

# 不要让怒火烧毁了自己的生活

怒火可以烧毁敌人，但也可以烧毁自我，毁掉我们已有的幸福生活。生活中，我们更要警惕烧向自我的怒火。烧向自我的怒火，一定是由不理智燃起的，是不该燃起的火，是无名火，是不该发的脾气和坏情绪。若是在平时的工作或生活当中，稍有不如意便对同事或家人发火，大发雷霆，则会产生消极的作用，危害身心健康。

生气发火首先是伤害身心。俗话说："气大伤身。"人在愤怒时会出现面红耳赤、肌肉紧张、脸红脖子粗、咬牙瞪眼、心跳加快、呼吸急促等一系列生理和心理反应。经常发怒者易陷入敌意、烦躁、焦虑、抑郁、悔恨等心境之中，难以自拔而导致神经内分泌系统功能紊乱，植物神经功能失调，机体免疫力下降，引起多种疾病。尤其是有心脑血管病的患者，愤怒常是引发中风急性心肌梗死、心律失常，甚至猝死的导火索。

美国心理学家斯通博士，经过实验研究表明：如果一个人遇上高兴的事，其后两天内，他的免疫力会明显增强；如果一个人遇到了生气的事，其免疫功能则会明显降低。

人恼怒起来，便会失去理智，不能自控，结果酿成意想不到的事故，乃至"激情性犯罪"，到时就悔恨终生了。

多年前，在北京外国语学院学习的外籍留学生罗卡娜杀死同学案在法庭开审。在做最后陈述时，罗卡娜以颤抖的声音说："我没有蓄意杀人，只是一时冲动……"面容清秀的罗卡娜回答法官询问时，始终声调细小，语气哽咽，不停地咬着双唇，身体轻微颤抖。这个年仅23岁的北京外国语大学培训中心二部的学生，被控在北外东院南平房13号院内持尖刀猛刺李春霞17刀，使其胸、颈、肩、背及上肢等部位受伤，造成李春霞被刺破心、肺，急性失血性休克死亡。

这一切都是由罗卡娜心里一时升腾的怒气造成的，就算罗卡娜不是蓄意杀人，是一时"冲动"，但这种"冲动"是杀人的理由吗？难道"冲动"，就要剥夺另一个人的生命吗？

据一位在司法部门工作多年的法官介绍：所有的命案有"三分之二是激情犯罪，也就是说，是一个人在愤怒中所做的案。比如情杀、酒后杀人，想教训一下结果失手杀人，这些犯罪没有预谋过程，行为人只是瞬间心理失衡而导致犯罪"。研究显示，人进入激情状态后，大脑机能几乎完全被激烈的情绪所控制，主观意识仅指向与自己情绪体验相关的事物，理智程度不同地丧失，不能控制自己的行动，也不能预见到行为的后果，从而干出那些不讲后果的可怕事情来——杀人、毁物、纵火等。

生气发火的另一恶果是害人害己。有的人常为一些鸡毛蒜皮的事而发怒，不顾及他人脸面尊严，喷出秽言恶语，既伤了他人的自尊心，又毁坏了自我形象，人际关系紧张，也给自己带来无限烦恼。

一个男孩脾气很坏，于是他的父亲就给了他一袋钉子，并且告诉他：每当你发脾气的时候就钉一个钉子在后院的围墙上。第一天，这个男孩钉下了37颗钉子。慢慢地每天钉下的数量减少了。他发现控制自己的脾气要比钉下那些钉子来得容易些。终于有一天，这个男孩再也不失去耐性、乱发脾气了。父亲又告诉他：从现在开始，每当你能控制自己脾气的时候，就拔出一颗钉子。一天天过去了，最后男孩告诉他的父亲，他终于把所有的钉子都拔出来了。父亲拉着他的手来到后院说："你做得很好，我的孩子。只是围墙上留下了很多洞，这围墙永远不能恢复成从前的样子了。你生气的时候说过的错话将像这钉子一样留下疤痕。如果你伤害了别人，不管你说了多少次'对不起'，那个'伤口'将永远存在。"

在生活中有些人往往遇到一点不顺心的事就火冒三丈、怒不可遏，结果非但不利于解决问题，反而会伤了感情，使原本已不如意的事雪上加霜。与此同时，生气产生的不良情绪还会严重损害身心健康，是拿别人的错误惩罚自己。

生气既然不利于建立和谐的人际关系，也极有害于自己的身心健康，那么，我们就应当学会控制自己，尽量做到不生气。万一碰上生气的事，要提高心理承受能力，自己给自己"消气"。要学会息怒，要"提醒"和"警告"自己，"万万不可生气""这事不值得生气""生气是自己惩罚自己"，使情绪得到缓冲，心理得到放松。把生气消灭在萌芽状态。要认识到容易生气是自己很大的不足和弱点，千万不可认为生气是"正直""坦率"的表现，甚至是值得炫耀的"豪放"。那样就会放纵自己，就有生不完的气，害人害己，贻患无穷。

## 别和自己的健康过不去

现代影响身体健康的因素，最重要的可能要属心理原因了。比如：冲动、暴怒和忧虑都是健康的杀手，尤其是冲动易怒更是人的致命杀手，它不仅能诱发心脏病，而且容易引发其他病症——发怒是典型的慢性自杀。如果你有经常发脾气的习惯，那么学会抑制愤怒应是你的当务之急。

俗话说：脾气大不过度量。意思是说，做人不应该动辄大发脾气、情绪失控，而要用健康的心态面对你认为的不公平事。

发脾气是对别人不友好的最激烈的表现形式，而不友好后面的推动力是对别人的怀疑。倘若料定别人不信任自己，自己是会失望的。疑心引起愤怒并导致以侵犯相报复。

与此同时，这种不友好的怀疑心理会引起体内肾上腺素和其他紧张素加速分泌，随着内分泌变化，嗓音会提高八度，呼吸加快而且粗重，心脏跳得更快更吃力，手足的肌肉也会绷得紧紧的，让人觉得你已经是一个没有思想完全不能自持的行尸走肉了。

不友好的心态很容易使你发怒。即使是初次见面的人，你也可能迸发恼怒。假如你连续出现这种情绪，那么你的"愤怒商"就未免太高了，它有可能演变为严重的健康麻烦。

实验表明，不发脾气有助于防止心脏病的发生，在行为方式有改善的人中，死亡率和心脏病复发率均大大降低。

那么，能否有效地抑制不友好的情绪，从而使自己更信赖他人呢？这主要在于自己的修养。要培植信任人的健康情绪，你一定得逐渐消除对别人毫无缘由的怀疑，减少发火的次数和强度，进而学会善待他人、体贴他人。如果一个人脾气发多了，不但伤身体，也会伤害人与人之间的感情和友谊，人们会觉得你的脾气臭，人缘也一定"臭"。

如果一个有臭脾气的人想改进一下自己的坏毛病，不妨参照下面的方法：

**1. 承认不是，敢于改正**

请告诉你的配偶和亲朋好友，你承认自己以往爱发脾气，决心今后加以改进，要求他们对你提供支持、配合和督促，这样有利于你逐步达到目的。

**2. 保持理性，提高自制力**

当愤愤不已的思绪在你脑海中翻腾时，要强迫自己坐下来冷静一下，并提醒自己，保持理性，避免行事。

**3. 将心比心，推己及人**

当你感到对方的建议不能接受时，你不妨把自己摆到对方的位置上，你也许就容易理解对方的观点与举动。在大多数场合，一旦将心比心，你的一腔怒气可能会烟消云散，至少觉得没有理由迁怒于人。

**4. 用自嘲将自己从性情中解脱出来**

在一下就可触及自己的怒气如血脉喷张涌出的时候，你还可以用自嘲将自己从多疑的性情中解脱出来："我怎么啦？像个3岁小孩！我怎么变得这么弱智！"幽默是抖落掉猜疑的尘埃和卸掉发脾气毛病的最好手段。

### 5. 保持心平气和，不抱成见

受到不公正对待时，任何正常的人都会怒火中烧。但是无论发生了什么事，都千万切记绝不可放肆地大骂出口，而应该心平气和、不抱成见地让对方明白，他的言行错在哪儿，为何让人不可接受。这种办法给对方提供了一个机会，在不受伤害的情况下改弦更张。

### 6. 学会宽容

学会宽容，放弃怨恨和报复，你随后就会发现，愤怒的包袱从双肩卸下来，会帮你放弃犯错误的冲动。

### 7. 现在就开始行动

爱发脾气的人常常说："我过去经常发火，自从得了心脏病，我认识到以前那些激怒我的理由，根本不值得大动肝火。"

请不要等到患上心脏病才想到要克服爱发脾气的毛病，从现在起开始修身养性就不早了。也许，有些人到老都不能自如地控制自己的情绪，但这并不表示坏脾气永远不能克制，随着自我修行的提高和时间的流逝，脾气可以变得很温和。

# 第六章 不要让愤怒成为习惯

要想让自己的人生过得充实而有价值,就必须尽可能地抛弃身上的所有坏习惯。当然,抛弃坏习惯并不是一蹴而就的事情,它需要用毅力、恒心和不断的自我提醒才能做到。幸运的是,每个人都具备这样的能力——只要你肯用心。

## 不要把坏习惯留在身上

在现实生活中，习惯可以说是无处不在。好的习惯是成功的基石、是成功的资本，养成良好的习惯，才不会被生活所击垮；坏的习惯是一个人拥有的坏名声，人们避之唯恐不及。

好习惯源于自我培养，我们一生中，脑部神经随时都在驱使我们做出相关的动作。这种动作在相同环境下不断重复，便使我们不自觉地产生了习惯。而坏习惯诸如爱生气、爱发火也是培养出来的，只不过它不是你有意的行为，但却是一种无意的纵容所致。

好的习惯人人都想拥有，其实，不让坏毛病成为自己的习惯就是一种最好的习惯。好习惯的养成不是一两次能够去做，而是坚持。对于一个独立的成人来说，习惯的形成大部分需要自己的努力。习惯对于人类生活的重要性，超乎人们的想象。

习惯并不意味着僵化，它也可能意味着活力，更意味着秩序和节约。反射作用是自然而然的节省法，为脑神经提供了休息的机会，毕竟还有更重要的工作等着它去做。

要养成习惯，有赖于科学方法来支持。我们在习惯中淡忘曾有过的意识和幻想，又在习惯中实现其他的梦想。我们今天做的，就是昨天已经做的。

习惯性的生活会使你感到有十足的精力和良好的生活空间。习惯成自然，自然成人生。在你的生活习惯中，你会使自己的性格、兴趣、爱好、理想都得到体现。

假如你要把一种行为养成自己的习惯，而这种行为对你又是如此的陌生，那么，请你记住："多做几次就好！"习惯的养成是动作的积累、脑神经指令的重复。这样的行动你做得越多，脑神经所受的刺激与记忆也就越深，你的反应也会更加熟练，好的习惯便属于你了。

但是，习惯也会成为你生活中的暴君。生活方式不同，自然要求有不同的生活习惯与之相适应。假如说这两者之间发生了深刻的矛盾，我们便说这种习惯是一种坏习惯，是与我们的习惯宗旨相违背的。这时，我们需要把它摒弃，用另外一种更健康、更有序、更有效的习惯来取而代之。

任何一个人都有自己后天所培养的习惯而成为与其他人有所不同的个体。可是，有时你必须审查自身所有的习惯是否有益。假若是好习惯，请坚持下去；假如发现你的习惯是不好的，一定要试着改变它。

有时，一个坏的习惯一旦定型，它所产生的后果是难以想象的，习惯这种力量往往是巨大而无形的。当你感觉到它的坏处时，很可能是想抵制却已经来不及了。

当然，此时我们也更应该警惕，不要让坏习惯乘机在我们身上扎下根。

坏习惯是破坏人的生活与事业的隐形杀手。我们常常会看到这样一些人，他们总是对自己所处的环境不满意，由此而产生了一系列苦恼。比如，一个学生没有考上理想的学校，觉得十分自卑，天天想着，自己比不上别人。于是烦得要命，书也念不下去。这样一天天心不在焉地混，成绩越来越坏，几乎要辍学了，心里又加上一份紧张，这紧张加上以前的烦恼，使他更加懊恼不安。

有人对自己目前的工作不满意，认为职位低、赚钱少，比不上别人。心里又是自卑，又是消沉，天天懒洋洋的，做什么也打不起精神来。于是工作常常出错，上司也不喜欢他，同事也觉得他没出息。这样，他就越来越孤独，越来越被同事排挤，越来越远离快乐和成功。

其实，一个人对自己目前的环境不满意，唯一的办法就是让自己战胜这个环境。比如行路，当你不得不走过一段险阻狭窄的路段时，唯一的办法就是打起精神，克服苦难，战胜险阻，把这段路走过去，而决不是停在途中抱怨，或索性坐在那里打盹，去听天由命。

所以，置身不如意环境中的人们，不但不应消沉停顿，反而要拿出积极乐观的精神来面对目前的环境，使时光不至白白浪费。

那些对眼前工作不满意的人也是一样，每一位领导或主管都喜欢提拔那些肯埋头努力、认真工作的人。假如你工作认真，升迁的机会就可能会轮到你，除非没有机会。假使你自以为大材小用，一肚子委屈牢骚，成天懒懒散散，对工作敷衍了事，那么即使有了机会，也不会轮到你头上。

每个自认为置身不如意环境中的朋友，都理应停止抱怨，直面现实，把握机会，充实自己。一个肯努力上进的人，在任何环境里都用不着自卑。换句话说，一个不肯积极进取、浪费光阴的人，本身就有一些坏习惯，别人不会因为你环境不顺而原谅你。

好的习惯主要依赖于人的自我约束能力，或者说是依靠他人对自我欲望的否定。然而，坏的习惯却像杂草一般，随时随地都会生长，同时它也阻碍了美德之花的成长，使一片美丽的园地变成了杂草丛生的荒地。那些恶劣的习惯一朝播种，往往一生都难以清除。

当一个人年轻时，养成一种坏习惯很容易，但要养成一种好习惯几乎同样容易；而且，就像恶习会在邪恶的行为中变得严重一样，良好的习惯也会在良好的行为中得到巩固与发展。

或许你并没有很好的天赋，也碰不到好机遇，但你有了好的习惯，它一定会给你带来巨大的益处，很可能会超出你的想象。

## 管住粗爆的脾气

坏脾气是逐渐养成的,也是可以改正的。

下面有一个关于日本人的故事,它告诉我们:坏脾气是可以改变的。

在日本江户举办的一个盛大的节日里,法官鸠山先生也挤在人群里,他是来看被选去拉游行队伍中彩车的小孙子的。

鸠山先生看着每一张笑脸。这真是一个欢乐的节日,人们在这一天好像都忘记了所有的烦恼。

这时,在狂欢的人群中,鸠山发现了一张忧伤的面孔:不远处站着个流着眼泪的妇女。

大家都很欢快的时候,她怎么这般忧愁呢!这使鸠山很不解,他向她招手。

那位妇女满腹心事地走过来,恭敬地向法官弯腰鞠躬。鸠山十分关心地问:"你看起来有什么忧伤的事情,不然为什么显得这样愁苦啊?"

"很难为情啊,鸠山老爷,"妇女回答,"这涉及到我丈夫的家族,您知道,妻子是不允许起诉这个家族的成员的。"

"对,"鸠山说,"这是一条法律条文。可是,如果你被允许诉说,我又愿意听,那是不妨事的。好,请问你到底为了什么事这样忧愁呢?"

"是关于三田的事,我丈夫的哥哥,太可恶了。他总是虐待我儿子田中。"

"啊,我认识三田,"鸠山说,"一般来说,他是个好商人,但我听说,他是全江户城里脾气最暴躁的人。"

"就是因为他那个坏脾气,我儿子正在受罪。"这位母亲眼泪汪汪地说,"两个月前我儿子在他伯父的店里学徒。"

"那很好哇!他可以向伯父学习怎样经商啦。"

"可是,鸠山老爷,脾气坏的三田,仅仅在两天内就两次暴跳如雷地抛东西打我儿子:头一次抛饭勺,第二次抛菜锅。您看,这怎么得了哇!这样,要不了多久,我那田中就会被折磨死的。我那可怜的儿子虽然不怎么聪明,可是他毕竟才十一岁呀!"

"是的,"鸠山十分同情地说,"显然,为这件事情,让你丈夫控告他哥哥是不合适的。"

沉默了一会儿,法官又说:"让我跟他说说。"

"跟谁说,跟三田说?"女人急切地问。

"不,我要和田中谈谈。"

"鸠山老爷,那可不是田中的过错,要是三田不对他那么凶,他可能就不会出多少错了!"

"不过,我还是要和田中谈谈,"鸠山眨眨眼,"我不能和三田谈,你并没有控告他呀!忘了吗?这是违反法律条文的。"

田中妈妈比先前更忧虑了,心事重重,快快地跑回家去。她一路都在琢磨:很多人都说鸠山法官待穷苦百姓仁慈,是否可靠啊?

第二天,鸠山真去拜访三田的商店啦。当他刚拐进商店所在的那条街时,就听到了三田大骂学徒的吼叫声。

鸠山紧走几步,径直奔向那个店铺。快到店门口时,正好碰见田中飞一般地从铺子里逃出来,一下与鸠山撞个满怀,两个人一起倒在地上。幸运的是，三田扔出的铁饭锅正好从他们头顶飞过，砸到地上，谁也没碰着。

三田边追孩子边嚷："把锅拣起来，你这个无用的小笨蛋！"但当看见被险些砸伤的法官老爷时，便慌忙地跪下来叩头，乞求法官宽恕。

鸠山平静地揉揉脚，对三田的道歉根本不去理睬，只是提了个要求："我想看看这个孩子的徒工合同。"

三田赶紧把合同书拿出来。鸠山仔细看过之后，又把它还给店主，然后严厉地对田中说："根据合同规定：你的伯父管你吃、穿和养家费；还应当接受伯父情愿送给你的任何礼物。为了这些优厚的待遇，你必须老老实实地为你伯父干十年活。"

"对啊！对啊！"三田高兴地大声附和，而小田中则只是含着眼泪不断地点头。

"很好，"鸠山继续说，"我命令你以辛勤的劳动来报答你伯父对你的宽待。"

三田这时更加高兴了，得意忘形地搓着手。小田中恭恭敬敬地低声答应："是，我一定好好干。"

这时鸠山才转成笑脸，温和地对田中说："我相信你一定能做到。好啦，现在去把你伯父送给你的新铁锅拿走，好好保存起来。"

"给我的新铁锅？"

"当然是你的锅啦！"鸠山给孩子解释，"合同上明确规定：只要主人高兴，可以送你任何礼物。刚才你伯父向你扔铁锅的时候，我明明白白听他说'快把锅拣起来'，所以这肯定是送给你的喽！还有前两天送给你的饭勺、菜锅也都是你的啦！"

"老爷，我，可不……"三田结结巴巴地说。

鸠山打断他的话："向这个孩子扔礼物，你对侄子是慷慨大方的，我可以这么称赞你。不过,你再这样豁达无边,不用多久,田中就可以毫不费力地得到这个店铺了。"

三田十分尴尬地呆立在那里活像个木头橛子。鸠山笑了笑,向田中挥了一下手回家了。

从那以后,三田再没向他侄子抛东西。小田中再也不用胆战心惊地过日子了,干活也很少出差错,很快成为优秀的店伙计了。从此,在三田店铺里人人都感到愉快,再也没有吼骂声了。

可见,欢笑声总是比怒吼声要好听。

## 让心灵清洁而轻松

正像一位名人所说的一样:抱怨的情绪,有寄生和附着的本领,而它的寄生物就是爱抱怨的人。现实中有些人常常把抱怨当作一种宣泄的方式,由于内心苦闷积压太多,于是,他们便选择向别人宣泄,开始无休止地抱怨。对于这样的情况,心理学家警告说:"抱怨就像毒品,虽然能够获得暂时的快感,却能要了你的命。"的确,抱怨就像毒品,抱怨多了,抱怨的时间久了,自然就会上瘾,而且,抱怨还会伤害到自己的朋友和家人。

一个人在抱怨的过程中,脾气会变得越来越暴躁,越来越不能让人接受。而抱怨者自己的内心也越来越不安,心情越来越坏,而且多数人会陷入抱怨的多米诺骨牌中,对一件小事的怨气很快蔓延到其他一些事情上,而对其他事情的抱怨又会导致更多的抱怨。如果任由这

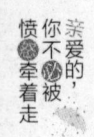

种抱怨的习性在个人、集体和社会上漫延,那么社会将是一个没有阳光、没有秩序、没有文明的,由一群愚昧无知的人生活的社会。

有这样一个故事:

在一个村镇里有一个船工,他平日的工作就是划着小船给几个村子送小百货。有一次,船工正划着船正常行驶,可迎面却有一艘船朝自己快速驶来。眼看着就要撞上自己的船了,但是,那艘小船丝毫没有避让的意思。这位船工心中顿时有了火气,大声对那艘船吼道:"让开,快点让开!你这个白痴!再不让开,要出大事了!"但是,他的吼叫完全不管用,那艘船还是直奔自己驶来,尽管他手忙脚乱地为其让开水道,但为时已晚,那艘小船还是重重地撞上了自己的船。这时他被激怒了,他怒视着对面的那艘小船并大声地责骂驾船的人。然而,结果他发现,那艘小船上空无一人。原来,被船工大呼小叫、责骂的只是一艘挣脱了绳索、顺河漂流的空船。

这个故事告诉我们,再多的责骂、抱怨,也不能改变事情的发展方向。在一般情况下,当你极力抱怨的时候,尽管有人无私地当你宣泄的"垃圾桶",但是,你所抱怨的事情绝不会因为你的抱怨而朝好的方向发展。每个人都希望自己能够生活在幸福、快乐、无忧无虑里。但是,如果整日抱怨、责骂,这就只是个空想。为什么要以抱怨的心态面对生活呢?抱怨又能有什么用呢?追根究底,抱怨所导致的最终结果不过是使我们成为令人讨厌的人。没有人喜欢听抱怨,即使是最亲的家人和朋友。因此,我们应该以平和快乐的心态去面对生活和工作,面对家人和朋友。

一位喜欢抱怨的女孩在心理医生面前也没停止抱怨:"我十分痛

苦，因为我发现，最亲密的人也不能包容我。"心理医生好奇地询问："哦，在哪些地方，他不包容你呢？"女孩苦恼地说："我向他讲述自己的痛苦，他却一点都不理解，反而指责我，这令我非常痛苦，这样的爱情有什么意义呢，我真想分手。"心理医生继续问道："你男友说了什么话，最让你印象深刻？"女孩想了想，说道："他说受不了我的抱怨，说我总是看到事情消极的一面，却对积极的一面视而不见。"心理医生问道："那你知道你为什么总是抱怨呢？"女孩迟疑了一会儿，说："因为我有个爱抱怨的妈妈。"

心理医生对女孩说："你喜欢抱怨和你妈妈有什么关系呢？"女孩说："从小到大，我饱受妈妈抱怨的折磨。起初，我一听到妈妈的抱怨，就想努力去改变，希望能够消除妈妈的抱怨。但是，即使事情有所改变，妈妈还是会抱怨。那时候，妈妈总是抱怨爸爸不给钱，但是，后来我发现，妈妈似乎从来不主动找爸爸要钱。当时，我实在难以理解，妈妈到底是想要什么，似乎只是在追求抱怨似的。"心理医生说："你妈妈已经深陷抱怨的习惯中，而你现在的状况再不改变，抱怨也会成为你的一种习惯，并不断地伤害那些跟你关系亲密的人。"女孩同意医生的见解，但是，却不知道该怎么办。心理医生向女孩建议："正如你男友所说，试着看到事情积极的一面，怀着一颗感恩的心，这样你就会慢慢改掉抱怨的坏习惯。"

有人说："抱怨就好比口臭，当它从别人的嘴里说出时，我们会注意到，但从自己的口中发出时，我们却充耳不闻。"想想自己身边那些喜欢抱怨的人，他们身上似乎永远有着数不尽的让他们抱怨不休的垃圾。如果发现自己正陷入抱怨的泥潭，应及时悬崖勒马，及时清空自己的心灵垃圾，那样才可让自己生活得轻松自在。

## 杜绝愤怒从细节开始

一个人在发脾气的时候，除了收不到好的处理事物的结果之外，在愤怒时表现出的容颜及形象也极不雅，甚至有些狰狞。它的表现是：或敌对，或暴跳如雷，或怒不可遏。愤怒是一种在瞬间失去理智的冲动，是一种下意识的反应。愤怒不是心理正常时的表现，处于极度愤怒的人会陷入疯狂的状态。

愤怒不会得到任何的心理补偿，只能使人虚弱。愤怒能破坏和谐的人际之间的氛围，干扰人们之间思想上的交流和沟通，引起内心的罪恶感和沮丧，通常还会影响人的事业。从医学角度讲，愤怒能够引起许多疾病，譬如：高血压、溃疡、心脏病、失眠、精神衰弱等等。

如同所有的情绪一样，愤怒也是下意识的行为，当你面对不喜欢的人或事的时候，你就会选择愤怒，以表示你的不满。

而从某个角度讲，愤怒也是一种习惯，一种你从小就不知不觉养成的习惯。比如，不愿自己走路的孩子会用大叫和哭闹迫使父母将他抱在怀里，正是小时候这样的尝试给了他一个鲜明的印象：大发脾气可以让父母满足自己的要求。而大人也在充当孩子们模仿的对象。因为孩子弄脏房间或打碎杯子，父母就会发火，大声训斥孩子，让孩子听话。父母的这种做法就在告诉孩子，要想让别人顺从自己，就应该发脾气。就这样，我们在成长的过程中把愤怒当成了提出请求的方式之一，养成了愤怒的习惯。当你意识到它的危害时，你已经难以摆脱它了。

没有人愿意生气，应该说，多数生过气的人生过气后都很后悔，所以与其生气后后悔，不如压根就不生气。但有很多人经过努力却未见成效，只好无可奈何地说"江山易改，禀性难移"，然后放弃了努力。那么，究竟是采取的方法不正确，还是愤怒难以控制？恐怕原因还是前者。

对于如何处理将要爆发的愤怒，有些不同的建议。有一种建议是：对要爆发的愤怒坚决采取压抑的方法，就是说在你觉得生气的时候，你努力不让自己表现出来。你把自己的情绪放在心底，就像把它装在瓶子里，然后再盖上盖子。这样做你虽然避免了生气时与人发生冲突，但是它却会让你付出更大的代价。你把怒气压抑下来，但怒气并没有消失，当它积攒到一定程度时，它仍然会适机发泄的。或许爆发的会更猛烈，所以千万别压抑自己的怒气。

另有一种建议是完全发泄自己的愤怒。有一些心理学专家就主张这一观点，他们认为，虽然把怒气发泄出来可能会伤害别人，但是，你的内心却会因情绪宣泄得到暂时的快意。所以，很多人，甚至有些关于心理咨询的书籍都会鼓励人们把怒气发泄出来。实际上，人们都忽略了这种方法的负面影响。在日本的许多公司里，通常会设立一间情绪室，里面摆着公司主管的橡皮模型，让员工受了批评后到这里通过摔打模型来发泄情绪。你可能认为这种想法很好，因为它既安全又无害。但是，别忘了，当你因发泄自己的情绪感到痛快时，正是在引导你陷入生气的习惯。

这些方法可能对某些人、在某些时候能够产生作用，但是它们不会让我们彻底地远离愤怒。因为这些方法并没有将导致愤怒的原因挖掘出来。这些方法，从本质上讲，都属于姑息、权宜之计。也就是说，它们可能暂时让情况好转，达到短期的目的，但是它们不可能从根本上解决愤怒的问题。

对坏情绪不管采取的是压抑还是放纵，最终的目标的都是要养成新的思考习惯，杜绝愤怒情绪产生的本源。为此，最有效的方法是，从自己接触的所有的生活细节开始。比如，待人接物、接受批评、听到反面意见、受到不公正的待遇等，要求自己以倾听为主，少发表意见，多与人交流，少与人争吵，多想一些受到人家帮助的事，少一些名利思想。我们坚信，如果一个人多想这些事，就一定会杜绝自己内心的不满。

## 不要让自己看起来就是气哼哼的样子

美国作家马克·吐温曾说过这样的话："习惯就是习惯，没有人能够顺手把它扔出窗外，不过我们可以一步一步哄它远离。"

这是说习惯已经成了生活习性，已不容易改变了，要改变也得一点点来，就像形容一个人生病一样"病来如山倒，病去如抽丝"。因此，生活中要防患未然，不能让坏习惯染上身。

比如，你在遭受到批评的时候，你应当对自己说："这是别人的事，这和我没关系。"这种方法将会消除你的对抗和愤闷的情绪。

当你得不到称赞的时候，换一个角度来考虑问题，你可以问问自己："就算他们能同意我的看法，我的情况会更好些吗？如果不能，我提出反对或反驳除了得罪人又有什么益处呢？"

也许很多人无法了解你，这并没有关系。你要接受这个事实。同样的道理，你也可能对周围的许多人并不了解，你并不需要了解认识的每一个人。他们与你不同，而且这些不同与你的生活并没有什么直接关系。最重要的是，你可以了解你自己。

平时，你要注意不必过多地同别人争辩自己的观点，不必证明自己的正确。在这方面，少说几句比多说几句好，只要坚持自己的观点就行了。

再不要无谓地揣摩别人会如何评价你的言论和行为了。

无论面对什么人，不管是长辈还是上司，说话应当明确，不要似是而非。

当你注意到同事不赞成你的看法时，甚至渐渐生气的时候，你一定不要匆忙改变自己的见解，也不要替自己辩护。你只要清楚每个人的观点都是不一致的，你生他的气，他也会生你的气，那又是何苦呢？

不要过多地说"道歉"。所有的道歉都是在寻求谅解，而要求谅解正是寻求赞许的一种方式。道歉是在浪费时间。如果你需要别人原谅你，这表明你允许别人控制你的情绪。所以，道歉的行为只会促使你寻求赞许。

在与别人的交谈中，少用或不用祈使句，如果你总是在向别人不断地提出问题和命令，你便不知不觉地陷入得罪人的陷阱，那样你会因对方的不满而导致自己生气，这也反映出你缺乏自信心，不能信心百倍地运用自己所具有的能力。

你应该感谢别人对你的意见，即使你并不喜欢这些意见。感谢别人的举动可以让你不去寻求赞许。比如，你的朋友说，你过分内向，不善于与人交往，他不喜欢你这样。这时候你不要因他说了你的短板，脸上就流露出不快，而是要感谢对方给你的提醒。

你甚至可以积极地寻求批评。控制自己的意愿，找一个和你意见不一致的人，面对批评，冷静地坚持自己的见解，决不要因此改变自己的看法。你可以告诫自己，别人有别人的行为准则，这些行为准则实际上和你毫无关系，面对批评不要怒气相向，而是要寻找正确处理它的有效方法。

你可以试着不理会那些反对意见，坚持自己的看法。不理会别人的攻击，本身就证明了你不必依靠别人的感受来认识自己。在这个时候，别人也会停止他们的责难。如果对自己失去信心的话，你就会把别人放在自己之上，放弃了自我。

这些建议对于平和自我心态，远离不悦，只是一个开始。你不必刻意把所有的情绪压抑都积聚起来，也绝不能因压抑而感到痛苦，这样的自我压抑也不可成为习惯主宰。正如节食者在饱餐之后，测验不出自己节食的勇气；戒烟者不会在掐灭香烟时，衡量自己戒烟的决心。你也不要在得不到称赞时，以此来确定自己的实力。你应该勇敢地宣布：我能够控制自己的情绪，我不需要把他人的称赞当作自己生活的必需品。如果你消除了这种错误心理，那么你一生中的其他错误心理也将会随之解决。所以，在批评面前能够处之坦然，这是作为自由自在、无忧无虑的人的最基本的条件。

## 时刻提醒自己离愤闷远点

一个人可以养成各种各样的习惯，但要记住，千万不要染上坏习惯。比如愤闷的习惯，这个习惯一旦养成，首先一点就是人们都对你敬而远之，这意味着你的人缘太臭了。

曾有一位满脸愁容的生意人来到智慧老人的面前，希望智慧老人能解答他的疑问："先生，我急需您的帮助。虽然我很富有，但人人都对我横眉冷对。因此，我也恨他们，真想和他们打一仗。"

智慧老人回答道："那你就停止这样怨恨呗。"

生意人对智慧老人漠然的告诫感到有些无所适从，也无法理解。于是他带着失望离开了老人。在接下来的几个月里，他的情绪变得很糟糕，与身边的每一个人争吵斗殴，并由此结下了不少冤家。一年以后，他变得心力交瘁，再也无力与人一争长短了。

于是，他又带着满身愁肠来找智慧老人询求答案，他对老人说："我不想跟人家斗了。但是，我周围人的态度让我忍受不了啊。"

智慧老人的口吻没变，仍然慢声慢语地告诉他："那就接着斗呗。"

生意人对老人依然淡漠的回答感到气愤，又怒气冲冲地走了。在接下来的一年当中，他的生意遭遇了挫折，并最终丧失了所有的家当。妻子带着孩子离他而去，他变得一贫如洗，孤立无援。

那么，是谁害了这位生意人呢？是他爱生气的习惯。按理说，你挣你的钱呗，别人有时对你冷淡，那有可能是个别人的嫉妒心所致，你何必要理他呢。另外，人家对你什么态度也是人家自己的事，并不关你的事，你又生什么气呢？要知道，一个人要染上生气的习惯就会一直气下去。

有一位农村妇女，在田中干活时口渴了，就回家去喝水，来到水缸舀水时，水缸是空的，于是她随手就把水瓢摔碎了，从井里新打上一桶水，喝完又准备去田里干活。可她正要穿过自己家门前的小路时，一辆卡车正途经这里，卡车来了个急刹车，差点撞上农妇。这让农妇火冒三丈，冲到驾驶室对着司机就骂上了。

司机也没说话，他只是点燃一支烟，慢慢地吸着，听任农妇叫骂，等农妇骂累了，司机才慢慢地说："如果我刚才刹车晚了，你被轧死了，这会儿你还能骂吗？"

从这个例子来看，这位妇女骂那位司机，一定有刚才没喝到现成

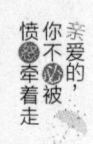

的水所生的气的缘故，但更主要还是她有爱发火的习惯所致。

因此说，平日里遇到不顺心的事，实在不值得生气，更不能把发脾气当成习惯。被人冒犯或许是有原因的，只要不是故意侮辱了我们的人格，我们就应宽大为怀，不以为意，或者以德报怨，晓之以理，动之以情。千万不能与别人瞪着眼睛较劲。假如对方是缺少修养的愚昧低俗之人，和他较真就等于把自己降低到了对方的水平。著名作家王蒙曾经讲过这样一个故事：古时候有两个人对四七二十八还是四七二十七争论不休，最后找到县官定夺，结果县官却把坚持四七二十八的人拉出去打了三十大板。此人不服，县官说，他已经糊涂到了如此地步，你还跟他争辩？不打你打谁？这个故事警示人们不要与人较真，不管是跟聪明人较真还是跟糊涂人较真，都不会成为最终的赢家。人们在日常生活、学习或工作中如果事事较真，处处争风，不但会很容易使双方丢了面子，失了和气，降了身价，而且有时还会招来预想不到的祸患。另外，别人对你的冒犯从某种程度上来讲也是他发泄和转嫁痛苦的一种方式，虽说你没有分摊他人痛苦的义务，但如能从客观上帮助他人发泄不良情绪，也算是无形之中做了件善事。这样一想，心里便可豁达一些，也就容忍对方了。

## 不能让愤闷成为常态的情绪

有两头饥渴的狮子同时到达它们平日喝水的地方。即使是按着动物们的行为法则也应该是各喝各的水就是了，可这两头狮子偏不按规则办事，而是为自己要先喝上水而撕打起来。在相互撕咬当中，突然发现水塘边正有一群土狼围着它们，等着失败者跌倒，美食一顿。

于是，两头狮子忽然醒悟，停止争斗，各自喝完水走开了。

这两头狮子可谓都很明智。在生活中，我们是否遭遇过狮子的处境？是否也曾经遇到失去控制、失去理智的时候？工作领域的确是一个怒火滋生之地，想一想有多少时间是在工作场所中度过的？想一想我们在工作中，会遇到多少和自己观点和立场不同的同事、合作伙伴和客户？再想一想工作场所的竞争、合作关系可能导致多少误解、谣言以及矛盾？如果自己在工作中失去冷静，为怒火所控制的话，可能就会带来这样的恶果：丧失信用、人际关系恶化、压力增加，而所有这些都是扼杀我们职业生涯的潜在大敌。

但是，引起愤怒的真正"元凶"却不是事件本身。有心理学家认为，人的情绪不是由于某一件事情直接引起的，而是因为经受了这一事件的人对事件的不正确的认识和评价，形成了某种信念，在这种信念的支配下，导致了负面情绪的出现。著名心理医生卡尔·孟宁格说："态度比事实要重要得多。"

当你爆发愤怒的情绪时，不管是什么原因，都会使你的肾上腺分泌急速上升。更重要的是，这种反应丝毫也不能平息你心中的不快和愤闷，而且还容易让这种情绪成为习惯，一遇类似境况就重蹈覆辙。通过控制进攻的情绪，你不但赢得自爱，而且还可以提高你的说服力。这样无论在同事、朋友还是陌生人面前，你都会知道采取平和态度而不是轻易发火的重要性。这是情绪智商的一个基本原则。

虽然有时候愤怒情绪爆发之后，自己会感觉舒服一些，但是这不应成为生活中的习惯，除非你想和你的朋友们真正对立起来。所以当你被烦恼、愤怒、绝望等负面情绪所包围时，不仅要从事物本身找原因，更重要的是及时检查自己的态度，看看你是否在用消极的态度评价所发生的事情。

其实，使怒气排解不去的正是自己的消极思维方式。一旦自己意识到愤怒的情绪是源于自己考虑事情的方式，自己就能负担得起控制情绪的责任。要知道愤怒心理可引起血压升高。只要把愤怒的情绪发泄出来，情绪松弛了，血压也就跟着降了下来。如果愤怒的情绪受到压抑，不能自由地发泄出来，情绪上的紧张就不能得以松弛，血压也就一直保持在较高的水平。所以我们需要适当地疏导、宣泄以消除心中的愤怒情绪，而不是让它积累和压抑自己，并久而久之地成为习惯。

愤怒犹如火山爆发。愤怒的人会变得毫无宽恕能力，甚至不可理喻，思想总是围绕着报复打转，根本不去想会有什么样的后果。你的愤怒不仅使家人、朋友和同事远离你，同时也使自己陷入进退两难的境地。让愤怒之火自行消灭，关键还在于进行自我心理调节，不让愤闷成为自己常态化的情绪。

## 不要让烦闷成为你的习惯

在现实生活中，遭受了委屈或不公平的待遇，多数人会想讨个说法，这是个比较理性和正确的处理事情的方法。但也会有少数人不说也不找而是一个人生闷气，这是一种很不好的习惯。所谓生闷气是说有气不发泄出来，强憋在心里的做法，这对身体的危害是非常大的。生气对健康的危害程度主要取决于气愤的强度和持续时间的长短。闷气憋在心里，不向外发泄，不良情绪压在心头、不消不散，很可能会导致人食不甘味，睡不坦然，肌体的抵抗力也随之下降。另外，闷气憋在心里，只会越憋越重、越积越深，甚至达到让人难以承受的程度。如果这时再骤然发泄，就会如同山洪暴发，雷霆万钧，这往往会对我们的身心健康造成更大的伤害。

好生闷气不但有害自身健康，也会影响人与人之间的感情。尤其是对于关系密切的人来说，相互生闷气，谁也不肯先开口解决问题，友谊如何持续下去？将怨气憋在心里不讲出来，只会加深彼此之间的隔阂，让相互间的感情受到更严重的伤害，甚至使两人从此绝交。

我们可以想象每个人心中都有许多盛装怒气的小瓶子，每个瓶子对应着周围的一个人。当我们对身边某一个人有什么不满意，可是又不好意思明说时，就把这点不满意闷闷地放进对应这个人的瓶子里。这样今天放一点，改天再放一点，直到有一天瓶子满了，而这时却又出现了一件令人不满意的小事，这时，你的情绪已经到了"忍无可忍"的地步，于是便将怒气发作出来，发作的也不只是最后的那点不满意，而是把长期以来点点滴滴放进瓶子里的怒气一股脑儿地全倒出来。这时对方往往会显出一脸的茫然，心里会想："又没有什么大不了的事，他怎么生这么大的气？"而我们自己也常常在脾气发作到一半时，却不记得生气的真正原因是什么，只是觉得眼前这个人太可恶了。

多数情形下，闷气的发作都是这种"零存整付"的模式。实际上，人和人相处，总是会产生摩擦的，而多数人从小就被教导要把小的不满隐藏起来，这其实是不够科学的。对于许多小的不满，只要适当地沟通，最多小吵两句，就能化解。这种小争执，对人际关系的伤害比真正的大怒小得多。因此，及时、合理地沟通，会把瓶子里的小不满倾倒出来，这也是避免生闷气的一种很好的方法。

生活中哪些人好生闷气呢？据调查研究表明，性格内向、孤僻，平时较少与人沟通、交际，朋友不多的人都比较容易生闷气。因此，具有以上不良秉性的人应该更加重视克服自己的性格弱点。诚然，改变自己的性格并非易事，但也不是绝对办不到的。平时多参加一些有益于身心的社会活动，走出自己狭小的天地，培养一两项业余爱好，多结交一些志同道合的朋友……这些都可以逐步优化自己的性格，开阔自己的心胸。要特别注意养成与亲人、朋友、同事谈心聊天的习惯，心里有不痛快就及时合理地向外宣泄。从另一角度来讲，如果自己身边有爱生闷气的人，作为他们的亲友、同事，一旦发现他们情绪不佳时，也应该想方设法引导其将心里话说出来。

最后，从根源上讲，要戒掉爱生闷气的坏脾气，我们还应该学会控制自己的情绪，凡事看开一些，尽量做到不乱生气。碰上了不愉快的事，首先要学会自我解脱，万事"戒"字当先，戒除恼怒。当然，这不是简单下个决心就能解决的事情，其中还有道德修养和陶冶情操的问题。古人把"责己严，待人宽"以及"温、良、恭、俭、让"视为人际交往的准则，这对现代人的情绪管理仍具有十分重要的指导意义。遇事冷静、待人宽厚，并能适当克制自己的不良情绪，可以体现一个人的内在修养，也有利于一个人的身心健康。

动辄生闷气，有百害而无一利。有句话是这样说的：生闷气就是用别人的错误来"惩罚"自己。

## 凡事多一点思考少一点冲动

一个人由于出身和所受教育以及生活环境的不同，会有不同的性格和行为习惯。因为是习惯，所以无论是好习惯还是坏习惯，自身都不太在意。但是，如果你是一个决策者，在你与人交往中表现出某种坏习性，比如，冲动、愤怒等，由此带来的坏结果有可能不是关于你一个人的，可能会影响一个企业。为此，要注意，你不能将某些坏习性养成习惯固定下来，那样，对你的人生和事业都是有害的。

三国时期，诸葛亮最后一次出祁山时与司马懿相持在五丈原。诸葛亮因蜀中道路崎岖，运粮困难，所以急于同司马懿速战速决。而司马懿一则自知智力、军力均不足，二则也看出诸葛亮之军难于持久，所以就坚守不出，回避与蜀军的正面接触。一天诸葛亮等得不耐烦了，就写了一封信，并随信给司马懿送去一套女人的衣服。信中羞辱司马懿说："你统帅中原这样多的兵将，正应该立即出来同我决一雌雄，可是你龟缩起来，甘于屈服，那就穿上这套衣服，如果耻心未灭，请按期决战。"司马懿当着众将的面，居然接受了这份"礼物"。部将们见此情景都忍无可忍，纷纷请战，司马懿为了安抚人心，便写了一封信，从千里之外，送给魏明帝，魏明帝深知其用意，便下诏书，传谕三军，不准出击。这样诸葛亮欲战不能，欲罢不忍，终于在郁闷、劳累之中病死在军营之中。蜀军只好不战自退。

此为以逸待劳，司马懿以极大的忍耐力，承受着各种压力，实行坚守不出的策略，这就是退避三舍之法，终于不费一枪一箭，拖死了诸葛亮，拖垮了蜀军，若不是诸葛亮生前备好一具假替身，蜀军则有全军覆没的可能。

现实生活是残酷的，很多人都会碰到不尽如人意的事情。残酷的现实需要你对他人俯首听命，这时，你必须面对现实。虽然，敢于碰硬，某些时候不失为一种壮举。可是，胳膊拧不过大腿。硬要拿着鸡蛋去与石头斗狠，只能是无谓的牺牲。这时候，就需要用另一种方法来应对。

不妨拿出决心,搁不平之事,闭起双眼,权当不觉。

真正的智者要能屈能伸,人在矮檐下,一定要低头。低头的意思是暂时平静下来,给自己一点思考时间,避免冲动行事。

总之,在与人交往中,一定要想办法养成不冲动、不随便发怒的习惯,这样才能得到他人的尊重。

## 第七章　把愤怒关在笼子里

　　凡是去过动物园的人都知道，为了避免大型食肉动物伤人，都把它们关在铁笼子里。但是，人们并不知道，愤怒这个情绪发起威来其造成的恶果毫不逊色于猛兽。因此，有必要提醒人们在生活中，一定要管住自己的愤怒，就像控制能伤人的动物一样，把它们也关在笼子里。

## 感觉愤怒要爆发的时候先将它锁起来

愤怒影响自己正确地做事，而自己又控制不住愤怒，每个人都会因此而愁苦。下面，我们介绍美国前总统塔夫特成功掌控自我情绪的例子，作为借鉴。

在做总统期间，塔夫特曾让一位有野心的母亲从失望的怒火中平静下来。对于此事，塔夫特回忆道：

"华盛顿有位太太，她的丈夫是一个在当地很有影响力的人物。一天这位太太来找我，请我给他的儿子安排个职位。她这样缠了我6个多星期，同时她还找来许多参议院和众议院的人支持她，他们一起来见我，为她做担保。由于这个职位需要专门的技能，我就任命了一位该局局长推荐的人。那位母亲于是就给我写了一封信，在信上说我是世界上最坏的人，我剥夺了她的快乐。她还说，她已经跟州代表说好了，他们打算对我特别感兴趣的行政法案投反对票，这就是她对我的报复。

"一般人收到这样一封信之后，肯定会这样想，这个人怎么这么不讲道理，这么没礼貌，很可能马上回信给她。然而，明智的做法是：把信先锁进抽屉，等过两天再看看自己的心情。可能两天后你再看到这封信已经不想写回信了。我就是这么做的。两天后，我用尽可能客气的语气给她写了回信。我说，我知道身为母亲你现在肯定很失望。作为总统，我是不能随便根据我个人的感受任命一个人的，我必须选择能适应这个职位的人，我必须接受局长的推荐。在信中，我还希望

她的儿子在目前的工作岗位上能做出她所希望的成绩。这封信平息了她的怒火，她在一张便条中对她以前的行为表示歉意。

"我签署的那项任命确实没有马上通过。过了一段时间，我收到一封信，自称是那位太太的丈夫，但我仍看得出来这封信的笔迹跟上次那封信几乎一样。这封信说，她因为这件事受到很大的打击，为此得了神经衰弱症，病得无法下床，已经恶化成严重的胃癌。这封信质问我，为什么不把这项任命撤销，再重新选择她的儿子？这样她的病也许就好起来了。人命关天，我不得不给这位丈夫写信。我说，我希望医生的诊断是错误的，我为她的病情而难过，我十分同情她。但我仍然不可能撤销那项任命。最终，局长推荐的那个人顺利上岗。接到那封信的两天后，我在白宫举行了音乐会，这对夫妇也参加了。他们二人是最先问候塔夫特夫人和我的，虽然这位太太这几天差点因为胃癌而'死去'。"

人生犹如在大海中航行，一帆风顺固然向往，但狂风怒涛的无情也会在某时某刻毫不保留地奉献给你。面对这些，你所做的不是愤怒而起，而是要压下心中的愤怒，冷静地去思考解决的方法。更多时候，这也是一种人生的大智慧，这样做可以让你获得更多人的同情和爱心，可以让你获得更多人的支持和帮助。

## 把愤怒当作是陌生人

生活中，我们与什么人接触得最多、最密切？一定是亲人和朋友。如果愤怒在眼前，我们都不理睬它，不与它搭讪，那会是一种什么情形呢？很可能的结果是：愤怒自觉没趣，慢慢地消失。

美国成功学大师卡耐基先生曾问做过威尔逊、哈定、柯立芝、胡佛、罗斯福和杜鲁门六位总统顾问的伯纳·巴鲁："你会不会因为仇敌的攻击而难过。"巴鲁回答说："谁也不能够羞辱我和干扰我的思想，我绝对不允许这样的事情发生。"

卡耐基说："同样，任何人也不能够羞辱或困惑你我，除非你愿意让别人这么做。"

"棍棒和石头或许会打断我的脊骨，但言语却永远也伤害不到我。"伊笛丝·卡薇尔是位被德军枪杀的护士，于1915年1月12日像圣人一样慷慨就义。"罪行"就是在比利时家中收容和照顾了很多受伤的法国、英国士兵，然后协助他们逃到荷兰。枪杀她的那天，英国教士走进她的牢房为她做临终祷告时，她说了这句不朽的话："我认为，爱国是不够的，我不会对任何人存有怨恨和敌意。"这些话后来被镌刻在纪念碑上。

四年后，伊笛丝·卡薇尔的遗体被送到英国，英国人为她在西敏寺大教堂举行了安葬大典。卡耐基先生曾在伦敦住了一年，常常到国立肖像画廊对面看她的雕像，有幸看到她那不朽的名言。

卡耐基的好朋友乔治·罗纳多年来都在维也纳做律师，"二战"期间他逃到瑞典，一分钱也没有了，急需一份工作。他会好几种语言，因此想在进出口公司找一份秘书的工作。然而，战争期间，很多这样的公司都不需要这样的人才。但是有公司答应将他的名字存档。在所有的回信中，他收到这样一封信："你对我们的生意一窍不通，从写信的水平看，你也很愚蠢，我们不需要这样为我们写信的秘书。即使需要，我们也不会要你这样一个连瑞典文都写不好的人，因为你给我们的信中满是错字。"

乔治·罗纳看到这封信气坏了。那个公司的人竟然说他不懂瑞典文，说他的信写错了，他就想回一封信，也狠狠地骂一下对方。但

是，冷静下来后，他却这样想："我怎么知道他说的不对呢？虽然我学过瑞典文，但毕竟不是我的母语，可能我真的有很多错误。要是真如他所说的那样，我要想找份工作还真得好好学习。也许他这样说是为了帮助我，他的话虽难听了一些，但可能是给我提建议，并不是说我有错。我应该写信好好感谢他才是。"

于是他撕掉了刚写好的充满谩骂的回信，重写了一封感谢信："您不嫌麻烦写信给我，我真的很感谢，尽管您并不需要秘书，您还是给我回了信。我为不懂得贵公司的业务而抱歉，我回信是想告诉您，我听人说您是行业的领军人物。我不知道自己的信中有很多文法错误，真是惭愧得很。以后我一定努力学习瑞典文，改掉以前的错误，感谢您帮助我提高。"

乔治·罗纳寄出这封信的结果是：他又收到那家公司寄来的一封信，而且得到了那份工作。这件事让他明白，温和的话语能消除怒气。

可能我们还达不到圣人的高度，无法去爱我们的仇敌，但为了自己的健康和快乐，至少我们要原谅他，忘记他，这才是最明智的做法。

卡耐基曾问艾森豪威尔将军的儿子约翰·艾森豪威尔将军是否会对人耿耿于怀？后者回答说："根本不会，我从来不浪费一分钟想我不喜欢的人。"

有人说："不能生气的人是蠢货，不去生气的人是智者。"这正是前纽约州州长威廉·盖诺的人生观。他曾被一份内幕小报攻击得体无完肤，也曾被一个疯子打得几乎送命。当躺在医院里为生命挣扎的时候，他说："我每天晚上都原谅所有的人和事。"以平和的心境对待生活中的愤闷之事吧！小心别害了自己，如果有了无法避免的怒气，学着适度地释放它，不要压缩它，否则，越压缩它的爆炸力就越大、越伤人。

## 消气要用锥子而不是打气筒

虽然都说愤怒是魔鬼,都谈之色变,但消除愤怒并不难,它就像一个胀鼓鼓的皮球,一锥子下去,就瘪了。

古希腊神话中有一个大英雄名叫海格力斯,他虽然很英勇、仗义,但是脾气却很暴躁。一天,海格力斯在山路上行走,总觉得脚下磕磕绊绊的有什么东西,很碍脚,他低头一看,他正踩到一个袋子似的东西。海格力斯退了一步,仔细看了一下那个"袋子",又重新踩了一脚。但是"袋子"不仅没有被踩破,反而开始膨胀变大了。这下,可激怒了海格力斯,他心想:连一个袋子都敢欺负我,看我不踩扁你才怪!于是他抬起脚狠狠地又踩了几下,没想到那"袋子"眼看着越长越大。愤怒之下海格力斯又抡起路旁的一根粗树枝砸了下去,但是那"袋子"不仅没有被砸破,竟然长大到把路也堵住了。

海格力斯心中又恼又气。这时,一位老人走过来对他说:"快不要跟它较真了,它是仇恨袋,你越碰它,它就长得越大。你若犯它,它便犯你,你若不犯它,它便会缩回到原来那么小。"

生活中,我们很多人都有着像海格力斯一样的心态。当遇到纠纷时,我们不懂得谦让和忍让,非要制服对方不可。岂不知这样的做法反而会激化矛盾,让事情更加棘手,最终给双方都带来损害和痛苦。我们何不冷静地面对,理智地思考,懂得忍让和宽容,那么事情就会往好的方面发展,避免了矛盾的加深,避免了争吵,避免了伤害,大

第七章 把愤怒关在笼子里

家其乐融融，和谐相处，岂不是更好？

　　社会本来就有着很复杂的结构，细细密密，错综复杂。人这一生会遇见许多的人，会面对许多的事情，有好的也有坏的，有称心的也有不如意的，影响人的心情乃至人生。因此，我们必须要学会控制自己的情绪，把握自己的心情，必须学会为人处世的原则和技巧，必须学会换个角度思考，学会宽恕和感恩，善待别人，也善待自己。这样，人生就会少一些恩怨，少一点仇恨，多一些尊重，多一点快乐。

　　有互为邻居的两户人家，一家姓李，一家姓于，两家的人员结构大体一样，经济状况也大体相当，但所不同的是，李家经常传来争吵、摔碎杯碗的声音，而于家则是欢声笑语。这让李家的人很没面子，觉得自己没有于家有文化。但李家也很纳闷：我们也不想吵啊，怎么就做不到呢？有一天，李家人又听到邻居的大笑声，于是，李家主人便过去串门闲聊，实际上是想探访察看一下。到了于家见于家一家人坐在沙发上看电视，桌子上放着水果，一幅温馨的画面。

　　李家主人便问："怎么就从来听不到你家争吵呢？什么原因呀？"

　　于家人听了笑着说："因为我们家都是'坏人'，所以才不吵架；而你家都是'好人'，所以才吵架。"

　　"这是什么意思？"李家主人迷惑不解。

　　"打个比方，茶桌上放着一个水杯，你家有人把它打破了，但是不但不承认是自己的错误，反而责怪那个放水杯的人把杯子放的不是地方，洒出来的热水烫到了他。这时，放水杯的那个人会说，是你自己不小心，还怪别人，再说你打破了家里的水杯，没人责怪你还找借口，你还知道不知道什么是规矩呀？就这样大家都觉得自己是好人，都觉得自己有理，不是自己的错，从而导致争吵不休。

　　"而我们家的人都宁愿当坏人。当水杯被打碎的时候，会立即道歉，说对不起。而放水杯的那个人也会连忙说，是我不好，不该把水杯放在这里。这样大家互相谦让，互相退一步，就相安无事了，怎么可能吵起架来？"

李家主人听了，深深地点点头。原来奥秘在这里，有了问题都主动认错，压火气。实际上，压制住愤怒就这么简单。

其实，这两家平凡人家的生活就是我们所有人现实生活的缩影。人是群居动物，需要跟他人交往，需要有朋友，需要帮助。但是这些都是互相的，而且想让别人亲近我们，帮助我们，我们必须学会把自己浑身的"刺"先收起来，学会接受别人的缺点，学会忍让别人的错误，学会主动退一步，别人才能走进来。只要把我们的心放宽，我们生活的世界才会和谐而快乐。

## 不给愤怒肆虐的机会

如果一个人有动辄发脾气的习惯，那么，他一旦知道了发脾气的害处后，每改变一次先前的愤怒反应，就算取得了一次胜利。改变旧习惯，关键是运用一切机会做出不同于先前的反应，不让挫折打垮你。习惯是习得的，因此你什么时候都可以学习新习惯，或者用新的反应方式来"覆盖"你原先的反应方式。改变是有回报的，它来自于新培养的习惯——例如，减少了和别人的争吵，感到心情更加放松，受到挑衅时也可以保持平静，可以轻松地为自己说话。

对自己不良心理情绪的调整或治疗，是对自己思维方式和行为方式的微调。所以，从哪里入手，自己说了算。

调整不良情绪的过程也可称为认知治疗，它不是要给你洗脑，只

是理性地分析形势，为你的看法提供全面的证据，让你远离草率的想法和愤怒行事的冲动。

成功的认知变化始于你如何将自己的愤怒感受"正常化"。不管你要面对的是自己的愤怒还是别人的愤怒，感受是生活的一部分。压抑、否认自己的感受或将心里的不满发泄在别人身上都是无益的，都是有损心身健康的。你不能让自己不生气，也不能要求其他人不生气，而是不要错误地应对愤怒的情绪。

愤怒是一种很自然的感受，如果不学习怎样应对它，那么在缓解愤怒情绪方面出现问题也是很自然的。因此，改变是一种明智的表现。

触发人们愤怒的因素是波动的形势及人与人之间的关系问题。而当人的思维处于下意识状态时，习惯就会发挥作用，在这种时候，有意识地让自己保持平静就会以最快的速度改变不健康的愤怒模式。

1. 永远放弃消极的自我对话

每天倾听在心里对自己说的话。实践证明，这样的对话是存在的，而且表现在多数人的身上。比如，自我批评式的话语，"这个我做不了""我怕根本做不好""我的记性太差了，总是忘带钥匙"或"我为什么有这种臭脾气？"这些消极影响打击你的情绪和信心，让你打消改变自己的念头。因此，要自觉地去消除这种不积极的心理暗示。

不健康的愤怒是敌意的主观评判思维结果的一部分。用积极的心底谈话取代消极的心底谈话是落实自觉认知治疗的体现。因此，我们要永远摒除消极的自我对话。准备一句简短的话，为的是发现自己的消极想法之后，对自己说这句话能够让自己脸上浮现出笑容，迅速给自己加油打气。

2. 用同情的心态去倾听

如果你已经认识到了愤怒是一种很自然的情绪，那么在面对别人的愤怒时，你就会同情而不是批评对方。因为，每个人都会有感到愤怒的时候。同情和移情对处理好自己的愤怒至关重要。同情——或努力了解对方发火的原因在哪里——意味着你可以做出合理的判断，平和让你烦恼的问题，这也是从源头消除愤怒的一条有效途径。

另外，用言语向对方表示同情，如"我理解你的意思"和"摊上这种事，大多数人都会生气"。这种关心，可以在解决问题之前让对方站到你这一边来。在主观论断性思维触发你愤怒的时候，同情可以让你"降温"。一定要提醒自己，大家都是普通人，要原谅别人的失误和一时冲动。

不让怒气滋长起来还有一种方法，那就是用合适的语言将可以引发愤怒的因素堵回去。

比如：表达自己的感受，阐述自己的看法。礼貌地提出自己的要求，这会让人们觉得你很真实。不隐藏自己的需求、不对自己的需求怀有负疚感，可以保护你的健康，帮助你与他人融洽相处，并最大限度地发挥你的潜力。

恭敬地说出自己的看法和需求体现的是一种低调心态，不是咄咄逼人。相较于责备别人不知道你的想法和感受，想办法让别人理解你可以让你获得更好的结果。

坚定自信的行为可以改变其他人对待你的态度。这是一种人际交往的技巧。你可以将它用于家庭、公司、社交圈子——你的整个生活都会受益于这种处理人际关系的技巧。

你坦诚地和别人交流你的好恶和想法，而不是颐指气使让人不痛快。不会让别人"面子上过不去"或感到你"背地里捅刀子"。应该说，没有敌意的产生，自然也就不会有让你产生愤怒的客观条件。

大多数愤怒的情绪都发生在两个人之间，和物品没有关系。只有商谈出每个人都可以接受的结果的时候，人们往往才会有比较好的感觉。改变你的愤怒习惯意味着双方开始商谈时跳过分歧，专注于最终要实现的目标。

当你因为工作负担和学业负担过重而恼火时，首先要弄清楚你想要的是什么。提供解决问题的办法而不去纠缠问题产生的原因可以让你不再埋怨别人。当你找到停车位准备停车的时候，有人倒车时撞到了你的车，这时候，努力让你的思维"绕过"愤怒，转到寻找解决办法上。如果对方开始时不道歉，你就不要指望他道歉，该做的事情就是查看车的损坏情况，与对方进行交涉。

不给怒气肆虐的机会，不是一件很容易做到的事情。坏情绪是一种心理活动，要从根本上解决一个人动辄就发脾气的问题，还得从心理调整方面入手。

在压力和日常烦恼让你喘不过气的时候着手改变愤怒模式注定会失败。"我没有时间放松"这种看法会导致压力问题。

开始的时候，可以用一些小工具帮助你，如手机或电脑。用这些设备将放松、舒缓的音乐录下来，在你日常几分钟的等待时间里可以随时拿出来听。

有了一定的进步之后，试着在脑海里想象一些让你恼火的形势，默默练习置身于这些形势时如何让自己保持平静。在过去立刻会生气的时候不再有冲动的反应，那就说明你已经取得了可喜的变化。

做得好就奖励一下自己，这很容易理解。行为调整就是通过强化有效的行为、忽视无效的行为来培养新习惯。就像是人们用少量美食来训练动物，用你喜欢的东西来简单地犒赏一下自己有利于你巩固这个变化。其他人怎么看待你犒赏自己的方式不重要，重要的是你要享受这种犒赏。把取得的进步看作理所应当的事情肯定会让自己对尝试改变自己失去兴趣。

需要注意的是，当你看到最小的变化时也要积极地看待问题，享受缓解愤怒给自己带来的奖励，考虑怎样获得更大的奖励。

# 有针对性地消弭怒气

既然我们都了解了生气和愤怒的情绪于做事不利,于身心有害,那么在日常生活中,我们就要时刻注意防患这种坏情绪的滋生,或是调整和改变已产生情绪的发展轨迹和方向。

改变情绪的目的是深入思考如何改变自己,为你采用不同的应对方式做准备,帮助你弄清楚什么样的愤怒管理技巧对你最有利,帮助你通过试错来学习、练习新习惯并灵活地选择和运用新方法。一旦你开始取得进步,积极的思维习惯就成为推动你坚持下去的关键,即使犯了错误也是如此。

改变或调整往往分阶段发生,而不是一蹴而就。在改变或调整的过程中,"走三步退两步"是很正常的。如果在改变愤怒习惯的第一天或第一个星期进展不顺利,这时你一定要清楚,"反复"是正常的,千万不要因为反复而失去信心。事实上,在成功者实现永久变化的过程中都会出现反复,只不过成功者不会因为出现反复就半途而废。

关于有针对性地管理、调整和最终消弭怒气,要注意以下几点:

1. 对既定的管理方式如果有人不喜欢,那是他们的问题。

2. 避免以下情绪的发生:有时候,你觉得需要改变自己应对愤怒的方式,有时候你又觉得没有足够的精力,或是不相信自己能够成功,或不愿意将想法付诸实践。

3. 既然你目的已经明确,并决心坚持不懈。而且已经收到了一些好的结果,就应该即使犯了错也不半途而废。

4. 你已经养成了新的习惯。你可以轻松地运用这些技巧来管理愤

怒。如果出现冲动的苗头，你会立刻注意到，并迅速控制好自己的情绪。你可能已经牢牢地记住了这些好处。

要知道，愤怒是一个复杂的话题。承认自己的习惯不好已经够困难了，承认自己存在愤怒问题就更困难了，因为下意识的愤怒反应和怀疑反应往往是一个人不愿意承认自己存在问题的部分原因！和吸烟、酗酒或暴食的人一样——事实上，任何有不良习惯的人都是如此，他们往往将责任推到其他人身上。如果别人抱怨你不该动辄生气，你下意识的想法和反应就是发火不是你的问题，并为此百般辩解。然而，这样做不利于消弭已有的情绪苗头。想让自己能坚定地、有针对性地消弭自己身上有可能产生的愤怒情绪的话，必须先坚定以下信念：

1. 我必须解决自己的愤怒问题，而不是为其他人担心。

2. 我生来如此，我的性格就是这样。生来如此并不意味着我不能消除身上某些不好的习气。

3. 我从来不生气。生气是一种很自然的情绪，每个人都生气。也许我不能轻易地意识到或承认自己生气。

4. 生活不易，我现在无法分心去学习新习惯。如果不能很好地管理愤怒，就会让生活更加不易。

5. 有必要的话，我会尽力管控自己的，好在现在我没有什么压力，愤怒情绪还没有出现消极结果，正是我学习的好时候。

6. 我的习惯无法改变，这是小时候就养成的习惯。我已经不是一个孩子了。我已经是成年人，我不能任由愤怒毁掉我的任何努力。

总之，只要有信心，有针对性，就一定不会让愤怒在自己身上有肆虐的机会。

# 让抱怨之声保持沉默

生活中，抱怨之声可谓不绝于耳，而且所有的生活内容也都是抱怨者所抱怨的内容，抱怨货物涨价、抱怨工资低、抱怨贫富差距太大、抱怨收入不公平等。总之，好像人们每天的工作就是抱怨，生气。

我们常常因为自己的某些不顺而生气，却忽略了自己幸运的一面。就像叔本华说的："我们很少想到我们已经拥有的，而总是想到我们所没有的。"快乐更多的时候就隐藏在琐碎生活的每一个细节里，它不是财富，不是权势，而是一颗积极向上的健康的心灵。

有人曾经问雷伯克，当他毫无希望地迷失在太平洋里，和他的同伴在救生筏上漂流了21天之久时，让他感受最深刻的是什么？他回答说："我从那次经历中所得到的最大感悟就是，如果你有足够多的淡水可以喝，有足够的食物可以吃，就绝不要再抱怨任何事情。"

有一位士兵与雷伯克所得的感悟相似。在一场战斗中，这位士兵的喉部被碎弹片击中，输了7次血。清醒的时候，他写了一张"我能活下去吗？"的纸条给他的医生。看完纸条医生回答说："可以的。"接着他又写了一张"我还能不能说话？"的纸条。医生点点头说："可以的。"最后他写了一张"那我还担心什么！"的纸条攥在了自己的手里。

很多时候，我们的遭遇比起上述两例来，实在是微不足道，那么，我们还有什么可担心的呢？还有什么理由生气呢？

有的人经历了一点挫折，就开始抱怨上天不公，但他们也许不知道，那些伟大的人曾经经历了许多磨难和痛苦，比起他们，我们已经相当幸运了。

英国有一位叫约翰·克里西的作家，年轻时非常勤奋地写作，他曾给各个出版商先后寄过743篇稿件，但接二连三地都被退了回来。在这样的打击下，他不但可以抱怨出版商不识货，也可以抱怨自己不争气。但他没有这样做，因为他知道，最坏的结果无非就是被退回稿件。此时，抱怨不如争气。如果他就此罢休，之前所有的退稿都变得毫无意义，而他一旦获得了成功，每一封退稿的价值全部都将被重新计算。正因为怀着这样的想法，所以最终他成功了。

逆境是最严厉、最无情的老师，它用最严格的方式锤炼人。它教育人们要想获得深邃的思想或取得巨大的成功，就不能害怕苦难和不幸。不幸的生活造就的人才往往会更深刻、严谨、坚忍并且执着。真正的生活强者是不会在逆境之中消极下去的。那些对逆境心存愤懑，抱怨命运不公的人，命运也不会眷顾他们。

在生活中，我们理应多些满足、感激，想所有我们值得感激的事，为我们所得到的一切而怀一颗感恩的心。

生活已经给予我们很多，我们还有什么可抱怨的呢？想想那些生活在困苦中的人吧，我们就会发现自己是多么幸福；想想那些躺在病床上的人吧，我们会发现自己健康的身体是多么的宝贵。

让我们的抱怨以及对生活的愤闷情绪沉默吧。

## 忍不住怒就干不成事

"忍人之所不能忍，方能为人所不能为。"伸拳动腿，大吵大闹乃匹夫之勇，志存高远、意志坚强的人，决不会为小小不平之事而盲动。

俗话说:"人生不如意事常八九。"也就是说,不如意的事是经常发生的。比如:骑车上班,被人刮倒了,找对方论理,对方还蛮不讲理,甚至要动手打人;写好的工作文案送上去,上司不认真看不说,还强不知以为知,反过来教训自己一顿;论条件,这次评职称,自己是没有问题的,没想到却没有评上,而不如自己的人却评上了。

遇到这些让人气愤的事,怎么办?有人任性而为,大发脾气,大吵大闹,伸拳动脚,不出尽胸中的恶气不罢休。

有的人则不然。他们认为这种任性而为实在是不明智的行为。出于气愤和人动武,把人打伤或被人打伤,都不好;出于气愤和领导顶撞,只能增加领导对你的恶感;评职称、分房子没有轮上,已成事实,无法更改,大吵大闹只能伤害自己的身体和形象,不能解决任何问题。

"小不忍则乱大谋"。"忍"字的旧解是放在心上的一把尖刀。如果我们来个新解,把"忍"字看作是心中有一把尖刀,忍是为事业奋斗的利剑,不是更恰如其分吗?

认为"忍是懦弱者的哲学",这只不过是从表面上看问题。恰恰相反,忍是强者的哲学。只有志存高远、目光锐利、意志坚强的人,才不会为小小不平之事而盲动。

秦初有两个名士,一叫张耳,一叫陈余,都是魏国人。秦国灭掉魏国后,悬赏重金捉拿他们二人。二人改名换姓逃到陈地,在乡里看门度日。一次,乡里小吏因为陈余的一点儿小过失要打他,陈余怒气冲天,眼看就要发作起来,张耳暗中踩了踩陈余的脚,叫他忍下这口气不要反抗。小吏走后,张耳把陈余带到桑树下面,责备他说:"当初我和你是怎么商定的?今天碰到一点儿小侮辱,就准备死在一个小吏的手里吗?"陈余气盛浮躁,坚忍远不及张耳,后来亦是一个失败,一个成功。

东汉时的刘秀,在哥哥被刘玄暗害后,悲痛万分,但他清醒地看

到自己力量单薄，一时无法抗衡，于是索性赶去向刘玄谢罪。刘秀的哥哥原任司徒，刘秀到后，司徒署的官员来迎接他，向他致以哀悼。刘秀控制住自己的感情，不说一句涉及私情的话，一再引咎自责，丝毫不提自己往日的功劳，也不为兄长披麻戴孝，饮食言笑一如平常。刘秀的冷静态度使刘玄感到内疚，为了补偿过失，他拜刘秀为破虏大将军，封武信侯。

刘秀以隐忍求全终于度过了难关，保全了性命，以后成就了大业。

春秋时，越王勾践被吴王夫差打败退守在会稽山上，越国要求跟吴国讲和，吴国的条件是要勾践夫妇到吴国给夫差当仆役，勾践答应了。

勾践当仆役很忠顺。夫差每次外出，勾践都亲自为他牵马。有人指骂他，他也不在乎，低眉顺眼，始终表现出一副驯服的面孔，很讨夫差的欢心。

一次，夫差病了，勾践在背地里让范蠡预测一下，知道此病不久就会好，他就亲自去见夫差，探问病情，并亲自尝了尝夫差的粪便，向夫差道贺，说他的病很快就会好的。夫差问他怎么知道。勾践胡编说："我曾经跟名医学过医道，只要尝一尝病人的粪便，就能知道病的轻重。刚才我尝了大王的粪便，味酸而稍微有点苦，用医生的话说，是得了'时气之症'，所以这病不久会好的，大王不必担心。"果然不几天，夫差的病就好了。夫差认为勾践比自己的儿子还孝顺，深受感动，就把勾践放回越国去。

勾践回国之后，卧薪尝胆，20年后，终于报仇雪耻，灭掉了吴国。

中国的传统文化中，推崇大丈夫能伸能屈，小不忍则乱大谋。孔夫子亦认为，路见不平拔刀相助并不是真正的男士。所有这些说白了，实际上都是把能否坚忍不发作为一条重要的行事准则。勾践困于石室，韩信受辱胯下，司马懿假病，诸此等等，都是坚忍、喜怒不行于色的典范。纵观古今中外的伟人名士，几乎无一不是制怒的高手。

## 给你的愤怒加以适当的约束

在生活中，愤怒的情绪人人都避免不了，尽管我们都知道这是一种不好的情绪，但是一旦上来却很少有人能躲避它。尽管如此，也绝不能让它任意在自己身上肆虐。人人都有这样的经历：有人挡了自己的道；上班已经快迟到了，偏偏遇上了红灯；妻子做了一件让自己不满意的事；老板要求自己去做一些分外的工作。你会对此大动肝火，那就说明，在你内心深处埋藏着某种强烈的愤怒情感，你没有很好地处理它。

与愤怒十分接近的情感是烦燥、情绪易被激起、敌意等等。所有这一切都是由一种潜在的意识，如曾受伤害，对于愤怒情感你也许已有警觉，并尽量试图去淡化它或者矢口否认自己曾受过情感伤害以及悲观失意的事实。或者，你可能尽量表现得意志特别"坚强"，根本不去想什么愤怒、失意等。但是，当你一味坚持这样做的时候，你的愤怒情感就会转向你心灵的深处，开始侵蚀本来健康的心理，这种状态会导致心理疾病的产生。而且，如果你不能及时将愤怒的情感以恰当的方式释放出来，受挫折和伤害的情感将在体内越积越多、越积越强烈。

当愤怒开始积聚时，它会在不同的场合，以不恰当的方式发泄出来。你会发现自己经常变得像好斗的公鸡一样，特别容易与他人争辩甚至吵架，而且还常常误解他人的行为。你可能还会发现自己常常为

一些小事大发脾气。比如：指责晚饭做得不好，不满同事对自己不太合适的评价，呵斥要求帮助的孩子，等等。

愤怒常常以不恰当的形式发泄出来，这多数的原因是源于过去受到的伤害、失意或挫折。愤怒经过转移之后不再对引起愤怒的对象做出反应，而是向风马牛不相及的无辜对象发泄。通常接受愤怒移情的都是与自己关系较亲近的人，如丈夫、朋友、孩子等。另外弱小者往往会成为愤怒移情的对象，如受父母责打的小孩会把他们对父母的愤怒转向小狗、小猫，在学校里不顺心的学生，回家后可能对弟妹大吼大叫，等等。

下面是一个具体的事例：

李师傅是一名公共汽车司机，今年刚好是知天命之年，他长期遭受周期性偏头疼的折磨。他多方求医问药都无济于事。有时竟然疼得无法忍受，而且一疼起来会持续数小时甚至几天。在痛苦折磨中，他把自己的烦恼、愤怒转到了他周围的亲人身上：他的妻子、女儿、儿子甚至孙子孙女。在与心理医生交谈时，他说："我真想对着自己的头疼大喊大叫，但是这根本不可能。因此我只好不由自主地将郁闷愤怒全都发泄到周围的人身上。"

一般来讲，人们发怒是由于受到了他人或他物他事的侵害。然而令人吃惊的是，我们常常发现，伤害他人的人会对自己的所作所为怀有负罪感，同时他们又不知如何是好。这种状况令人恼火，因为伤害了别人的同时，自己的情感也不愉快，可谓损人又不利己。

而更不幸的是，你用自己不恰当的愤怒所激怒的那些人，常常又把他们的愤怒倾泻到与自己根本不相关的另一些人身上，这就形成了一个恶性循环，许多人成为这种恶性循环的牺牲品。

因此，我们应当认识到，释放久已积压埋藏的愤怒情感固然至关重要，而学会如何采取积极主动的态度，避免让新的愤怒达到危险异常的爆炸程度，则更加重要。

# 第八章 化干戈为玉帛

在社会生活中,有困难、有帮助,有成就、有祝贺,有施恩、有报恩。应该说这是我们所期待的,如果所有人都能以这样的准则行事,生活就和谐快乐了。而让人遗憾的是,并非所有人都能按常理出牌。不知什么时候,我们就会遭到非议、打击和陷害,或者是不公正的对待,让我们伤感至极。对此,我们绝不可犯低级错误,坚持以和为贵,这是为人处世的至理名言。

## 没恨不结恨，有恨宜化解

生活过得美满和快乐的表现有很多，但是谁都不会反对生活美满快乐首先是精神上的愉乐这一观点。而要保证人在精神层面的快乐，当属心中无恨、无烦恼。如果心中有恨、有烦恼恐怕有豪宅、豪车、锦衣美食也不会快乐吧！因此，一个人要想拥有真正的快乐人生，首先要保证无恨不结恨，有恨宜化解。

现在，我们讲个故事来加深对此的认识：

一天，寺院的方丈照例在禅堂中打坐，突然从门外闯进来一个强盗，他手持一把明晃晃的刀子对着方丈喝道："将寺院钱柜里的钱全部拿出来，否则我就杀了你！"

可面对强盗的要求方丈却一动没动，他闭着眼睛对强盗说："钱就在抽屉里，柜子里根本没钱。你自己去拿吧！但要给我留下一点。因为寺里的米和菜已经吃光了，如果你把钱全部都拿走，那么全寺上下都要挨饿了！"

那个强盗一时间愣在了那里。他惊奇地走到方丈所说的抽屉旁，将里面的钱全拿了出来。临走时，他望着似乎什么事都没有发生一样，仍在打坐的方丈，瞬间却不知道该如何是好。此时方丈也睁开眼睛，望了他一眼，说道："一般你收到人家的东西，是不是应该说声谢谢啊？"

听到方丈如此说，强盗更是不知所措，他望着方丈的眼睛，竟然一时慌了神，说了声"谢谢"就赶紧跑了。他从来没有遇到过这样的情况，钱也从来没有像今天抢得这样顺利，但也从没有像今天这样心里慌乱过。他刚跑出门外不远，就停住了脚步。突然想起来自己不该把全部的钱拿走，于是，他又返回了禅房，从口袋里掏出一把钱放回了抽屉，然后慌慌张张地逃走了。

没过多久，这个强盗因为再次作案，最终被官府捉住。根据他的供词，差役把他押到寺院里来进行案情核实。

差役问方丈："几天以前，这个强盗是不是来这里抢过钱？"

方丈平静地说道："他没有抢寺院里的钱，那些钱是我答应给他的。"差役听了方丈的话都感到莫名其妙。方丈接着说："我给他钱之后，他在临走时也说过谢谢了。整个事情就是这样。"

差役半信半疑地看了一眼方丈，只得将这个强盗押解回去。但此时的强盗心里也打起了鼓，甚至比作案时还要紧张。他痛恨自己当时的行为，甚至感觉到自己当初的行径是如此卑劣，更是被方丈的慈悲而感动，他咬紧嘴唇，泪流满面，一句话都没有说，就乖乖地跟着差役走了。

因为其他案件这个强盗被官府治了罪坐了牢，但是强盗没有任何怨言。而且在服刑期间，更加勤快认真。因为在他的心里已经有了忏悔，想通过今天的服刑来减免自己昔日的罪责。后来，强盗服刑期满，出来之后便立刻去拜见方丈，他感怀方丈的慈悲，希望方丈能够收他为弟子。刚开始，方丈并没有答应强盗的请求。但这个人佛心已定，他在寺庙前长跪三日，最终被方丈收为徒弟，跟着方丈一起在佛门静修。

方丈与强盗之间的纠纷就这样以一个让人意想不到的结局化解了。其实，自古以来每个人都知道"冤冤相报何时了"的道理，只因为跨不过心理的障碍，才始终不能将自己心中的怨恨和仇恨放下。但仇恨是不能用来止息仇恨的，它只能让自己越恨越深，让自己永远生活在痛苦和愤闷中。如果我们能够放下仇恨，怀着一颗仁爱的心，用自己的宽容去包容别人，以慈悲来感化邪恶，那么，即使对方心里充满了邪恶，也能被我们的善良感动。这样，不仅救赎了别人，自己也因帮助了别人而感到快乐幸福。

尤其是面对威胁的时候，如果只是一味地愤怒和反抗，很可能会引起对方更强的邪恶之心。但如果能用自己的慈悲去感化他的仇恨，不但让自己的安全得到了保证，还能救赎一个心灵，如此完美的方式不是比仇恨要好得多嘛。

## 为人处事要看重与人为善

人们都明白生气无益，愤怒伤身误事，但是，谁都又免不了生气发怒。这样一来，生活岂不是大乱了，到处都是抱怨咆哮之声。然而，让人担心的可怕形情并没有发生的原因就是，制怒远比发怒容易得多。

法国伟大的人道主义作家雨果曾经这样比喻人的宽广胸怀，他说："世界上最广阔的是海洋，比海洋更广阔的是天空，比天空更广阔的是人的胸怀。"

其实，许多时候，人们生气是因为有心结没有打开，打不开心结又是因为人们的心放不开。假如人们的胸怀宽广一些，一是不生气，二是有点气也容得下，就没必要发泄。就像下面的冯先生和于先生，两个人只要稍稍改变一下态度，放下心中的嗔念，不但平息了自己的怒气，还能收获好的心情。

一天，天刚亮，冯先生便抱着一束鲜花和一盘供果，赶到了大佛寺想参加寺院的早课。他刚踏进大殿，没想到就和另一侧急着进来的于先生撞了个满怀，供果和鲜花全部掉在地上。冯先生立即被气得火冒三丈，忍不住冲着于先生嚷道："你急着干什么呀，你看！我的水果和鲜花全都摔坏了，你看咋办吧！"

于先生看对方如此态度，也不满地说："我们俩个相互撞怀，你能全怨我吗？就你这态度我看念佛也是装装样子。"

冯先生见于先生如此戏弄更是生气："你这是什么态度？自己做错了事情，不道歉也就罢了，居然还要怪别人！"接着，两人越吵声越大，直至互相咒骂。

听见两人的责骂，慧圆禅师就走过去劝解。他问清楚了两个人吵架的原因，然后对他们说道："走路时莽莽撞撞的习惯确实不好，一不小心就会撞到别人，但是如果被撞的人一直抓住别人的错误不肯原谅，也不肯接受别人的道歉，那也是不对的。你们现在这样吵下去，用不了多久就要动起手来，最后两败俱伤，除了给药铺带来些生意以外，没有任何的好处。从此，你们还将结下仇怨，实在是不值得。你们反过来想一下，假如两个人都能退一步，坦诚地承认自己的过失，并且接受对方的道歉，这样矛盾不就化解了吗？或许两个人还能因此成为朋友呢！"

慧圆禅师看着默不作声的两人继续说道："我们的生活中需要协调的事情太多了，如果每件事情我们都要争个你对我错，那岂不是有太多的烦恼困扰我们了？你看，你们为了这么一点小事，就破坏了整天的好心情，值得吗？"

两个人听完了慧圆禅师的话，心里一阵愧疚。于先生看着禅师说道："禅师！你说得对，今天的事情是我的错，刚才实在太冒失了！"说完就转向了冯先生，真诚地道歉说："冯先生，都是我的错，请接受我的道歉吧！"冯先生见于先生如此诚恳，也由衷地说道："我今天也有不对的地方,不该为了这么一点小事就开始发脾气。"

所以,改一改自己的坏脾气,不要因为一点小事情就影响了自己一天的好心情。要知道,争强好斗最终的结果只能是两败俱伤,但是心胸宽广一些,却能造就自己和他人的安宁与温馨。

宽容,显示的是博大的胸怀,一种不拘小节的人生态度,更是一种生活的方式。它代表了一种幸福。你不计较他人的错误,不但给了他人机会,同时也展示了你的涵养,得到了他人的信任和尊敬。

要知道宽容了别人,就等于善待了自己。这样的生活才不会与人结怨,才能让自己的生活和事业畅通无阻。

曾有一个富翁,他经过多年的打拼,积累了足够多的财富,可是他年事已高,就想在三个儿子中选出一个接班人,来掌管自己的生意和财产。为了考查他三个儿子的能力和素质,富翁想出了一个办法:他让三个儿子花一年的时间去不同的地方游历,回来之后将一年的经历做为评比内容,谁做的事情最高尚,谁就能成为继任者。

一年很快过去了,三个儿子也都回来了。一天,富翁把三个儿子召集在一起进行评比。

大儿子首先讲述自己的经历,其中他最以为自豪的是:他在游历时,曾经遇到过一个陌生人,他取得了陌生人的信任,陌生人居然将一袋金币交给他保管,可是不久,那个陌生人居然意外去世了,但他并没有将那袋金币据为己有,而是不远万里找到他的家人,将金子还了回去。父亲听完大儿子的述说,夸他做得对。

接着是二儿子汇报。他自信地告诉父亲,有一天他走进了一个贫穷落后的村落,在村口他遇到了一个饿昏了的人,村里人说他已饿昏两天了,没人理,已经生命垂危了。他立即拿出了身上最好的食物救活了他。为了让他能够更快地恢复,临走之前,还给他留下了一笔

钱。二儿子的举动也得到了父亲的夸奖。

到三儿子述说时,他告诉父亲,他一路上并没有做过什么大的事情。只是在旅行的时候遇到了一个坏人,那个坏人得知他身上有钱后,就一直跟着他想得到他的钱,千方百计地想害他,他甚至差点就死在那个坏人手里。可是有一天他们在经过一座桥时,那个坏人脚底下的桥板断了,坏人一下子掉下去,只有一只手紧紧抓住了旁边的一块板。假如当时自己抓住机会,只需不管,坏人就会因为用尽气力自己掉下去淹死,但自己并没有这么做。而是用力把坏人拉了上来,然后又继续赶路。

小儿子讲完了自己的经历,立即遭到了两位哥哥的嘲笑,因为在他们看来,这实在不算是什么高尚的事情。而父亲却表态说,你们的三弟是当之无愧的继任者。接着,父亲说道:"事实上,诚实和见义勇为本来就是一个人应有的品质,但是宽容却不同,它体现的是一个人的胸襟,这并不是人人都具备的素质。你们的弟弟有机会报仇却选择了放弃,反而真诚地帮助仇人脱离危险,这样的宽容之心才是最高尚的。所以,我认为把产业留给老三管理是最稳妥和最保险的。"

富翁的选择是明智的。三儿子能够以一颗博大的胸怀包容别人,必然在今后的生活中能够得到更多的快乐。这就跟人生一样,假如当你遇到一点挫折,就开始愤恨不平,开始喋喋不休,甚至大发雷霆、自暴自弃,那么你的生活将会永远充满阴霾;相反你以一颗包容的心去看待周围的人或事,你就会感觉到困境之后的希望,就会得到更多的快乐。所以,对每一个人来说,控制自己的坏脾气,就有可能迎来生命中的大福气。

## 掌握一些必备的缓解冲动的技巧

虽然愤怒是一种很自然的情绪，但在任何时候让人都能应对它可不是一件容易的事情，多数人都会因它而心烦意乱或火冒三丈。因此，找到不被他人的愤怒拖入愤怒情绪之中的技巧在任何时候都有着深远的意义。

如果对方的愤怒情绪令人恼火，但你依然能够认真而平静地倾听对方，与对方一起寻求解决方案，这说明你在下意识地运用心理调整。通过保持思维和行为的冷静，你就可以管理好自己的愤怒感受，控制好消极反应，不让那些已经在郁闷或喊叫的人的情绪升级，你就能够发现每个人都能接受的解决方案，如：将酸柠檬变成可口的柠檬水。

幽默、关爱、乐观、看到有趣的一面、愉快的心情都是愤怒的"解毒剂"。轻松活泼并不意味着嘲笑别人，而只是将沉闷的时刻变成轻松的时刻——别人可能给你的是酸柠檬，但是你可以将它变成可口的柠檬水。

这种技巧之所以能够消除愤怒是因为它充分利用了人的本性——人的身体和情绪不可能同时感受快乐和愤怒，同时乐观和沉闷，或同时生气和放松。生活中遇到难题之后，从另一个角度看问题或看到他人身上的闪光点，可以让你的情绪保持稳定，并向他人传递同样积极的信号。

了解有关愤怒给人或自己带来哪些不良影响，也是缓解冲动情绪发生的技巧之一。了解这些情况可以给你带来以下好处：

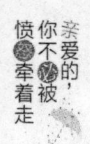

首先，当你对自己的愤怒情绪有深入的了解，并可以缓解该情绪的时候，在面对敌对形势时，你就更容易保持平静或后退一步。

第二，你可在保持冷静、缓解愤怒方面做一个表率，告诉其他人，尤其是儿童和青少年，控制愤怒情绪是可以做到的。

第三，在了解了愤怒之后，就可以很容易记住，虽然愤怒是一种正常的情绪，但是控制愤怒需要从经历中学习，需要真正同情别人的愤怒。

第四，可以经常面对他人的愤怒，例如，和好发脾气的伴侣在一起生活也有好处。这意味着你经常有机会练习用调整心理的方法来管理自己的愤怒，你会比别人更快地学会控制愤怒情绪！

不妨暂时作壁上观。

身边的人生气的时候，你的精力也可能会随着消耗。大声的吵闹会让你精疲力竭，愠怒的面孔会让你心烦意乱，不断地面对抱怨会让你恼火不堪，即使你在客户服务部门工作也是如此。此时，面对这种情况你不妨暂时作壁上观，避免卷入冲突或偏袒任何一方。这样，你就有精力享受生活，而不必忙着扑灭别人的怒火。

适时地"中场休息"。

在有人自以为是地大谈自己偏激的观点时，若你留在旁边，就很容易成为对方批评的靶子。或会因你不满意对方的观点，而与对方产生对立。"中场休息"策略就是为了避免矛盾的发生暂时离开一会儿——给对方提供一个缓和其紧张情绪，平衡其观点，选择应对方式的机会。过去的经历告诉你，愤怒情绪不会瞬间蒸发。远离"火线"也可以减少你做出冲动反应的概率。

提出一个选择方案，如"我们可不可以平静地谈论这件事"或者"是否需要等一会儿再谈"，可以帮助愤怒的对方更好地控制情绪。

生活中不要逃避问题或大声喝止别人的观点，也是有效地缓解冲动发生的手段，一定要记住愤怒是人共有的一种情绪——每个人都有愤怒的权利。愤怒是一种正常的情绪，谁都无法逃避！表现出对愤怒者的理解是一种人性化。如果你觉得很难同情对方，可以试试换位思考。如果你经历了对方经历的痛苦，而对方根本不想听的话，你会有什么样的感觉？

愤怒会让你变得偏执，让你只去听你想听到的内容，或者让你仅仅因为不同意对方的看法就大发脾气。同情通过提供情感上的支持，可以改变这种形势。即使不同意对方的看法，也可以同情对方的不安和愤怒。

在某种程度上，能够同情别人——"生这么大气肯定对身体很不好"——说明你找到了应对他人愤怒的正确态度。动辄主观判断、批评别人或者敌意思维意味着你也在生气。避免让别人影响到你！

低调应对所有的事。

因愤怒而冲动只是片刻之间的事情！而一句"对不起"就很可能会抑制住一次发作。不管问题的出现都是你的错，还是一部分是你的错，例如你触发了朋友的愤怒或者没有解决好客户的问题，低调应对都会收到奇效。

比如，一句"对不起"并不意味着先前你在故意惹别人不高兴，而是意味着你不是在故意和对方做对——等于把球踢到了对方那里，让对方相信你在竭力补救你的过错。另外，"对不起"的含义，一般地说，对方都会明白的。

如果对方没有大度地接受你的道歉，也不必生气。对你来说，重要的是想办法管理好自己的愤怒，而不是改变别人的愤怒习惯。

总之，愤怒的情绪会让朋友成为敌人，缓解愤怒不让愤怒发声，就可以保证朋友永远是朋友。

## 以德报怨化敌为友

如果你从未做过问心无愧的事,却有人在背后诽谤,说你的坏话,你会做何反应?多数人可能会怒从心头起,非找到当事者理论不可。这实在是下下之策,因为这样做的结果会是,对方没理变三分,会惹你生更大的气,而且在你们的当面争执中他不会受到任何伤害,因为他是个什么样的人大家已心知肚明,对你来说就不同了,跟这样的人争执能降低你自己的身份,折损你的自尊,并会令你更加生气。

那么应该怎么办呢?难道就听之任之吗?

也许听之任之正是应对的最好办法。如果你确实行得正、走得端,别人并不会因这类人的"坏话"而改变对你的评价。大可不必理会他,当他自己也感觉无聊时就自然收场了。而且,周围人还会因为他无中生有而鄙视他,让他变得很狼狈。

英国的特纳兄弟因经商发财后,乐善好施,把用辛勤劳动、艰苦创业得来的巨大财富慷慨地用于公益事业,比如建教堂、办学校、不断提高工人的福利待遇。特纳兄弟以他们的仁慈和善行赢来了人们的尊敬和爱戴。他们的善举给当地的人们做出了表率。

然而对于特纳兄弟的无可挑剔的品格,却有人出版小册子诋毁他们,此人给兄弟二人起了个外号"乡巴肉丁"。当兄弟二人闻听此事后,只是淡然一笑,说这个人会后悔的。他们的话很快传到那位诽谤者的耳朵里,诽谤者说:"哈,这是他们在警告我早晚有一天会落到他们手里,怎么会呢?他太自以为是了,走着瞧吧,他们才会后悔呢。"

就在这位诽谤者说过这番话不久后,他竟然破产了,这真是天意。如果他得不到特纳兄弟签名的执照,他只能关门歇业。虽然他自感求助于特纳兄弟的希望渺茫,但迫于生存的压力,他还是厚着脸皮去了。他站在被他称为"乡巴肉丁"的特纳兄弟二人面前,满脸羞惭地讲了自己的情况。特纳首先发问:"你从前是不是出过一本诽谤我们的小册子?"诽谤者面红耳赤,惶恐不安地点头承认了自己的过错。他以为特纳会把他的申请书撕掉,不会在他的执照上签名,但是,特纳却对他宽容一笑,在上面签了名,并对他说:"我们有个规定,不能拒签一个诚实商人的执照,而你也的确没有做过什么坏事。"

诽谤者听后,眼里含满了悔恨的泪水。特纳继续对他说:"记得我们说过你会后悔的,这不是我们的本意,那句话的意思是说早晚有一天你会了解我们的,并会为自己的行为感到后悔。"诽谤者泪流满面地说:"是的,我已经后悔了。""好了,事情已经过去了,不要再提起它了,还是谈谈你的生意吧,你准备怎么办?"这个可怜的人毫无自信地回答说,拿到执照后,他的朋友们会出手帮助他的。"但你如何履行合同呢?"这个可怜的人被问住了,他已身无分文,全部财产都给了债权人,他唯一的出路是四处告贷。"朋友,这样可不行,不能让你的妻子和孩子们跟着你遭罪,这样吧,我这里有一张 10 万英镑的支票,你先拿去,振作起来,重头再来,一切都会好起来的,我相信你会成为最出色最优秀的商人的。"这个被感动得说不出一句话的破产商人,像个孩子一样,两手蒙面,嘤嘤哭泣着,走出了特纳兄弟的公司。

许多年过去了,特纳兄弟胸怀宽广的精神依然令后人感动,他们的仁慈和善行一直被人们广为传颂。据说大作家狄更斯先生被他们的事迹深深打动,在描写查雷伯兄弟时,就是以特纳兄弟为原型的。

显然，特纳兄弟应对流言的做法非常得体，他们不仅没有让自己为此而愤怒不已，还赢得了感恩戴德的朋友，可谓是一箭双雕。由此看来，以怨报怨不可取，以德报怨才是大智慧。

## 怨家宜解不宜结

无论是在工作上还是在生意上，与人结了怨不要紧，但需要及早地化解。而如何化敌为友，在生活中却是一件很重要的事。

同事曾经与你为一个职位而结怨，今天你俩已分别为不同部门的主管，虽然没有直接接触，但彼此的隔阂显然是存在的，所以你应该及早化解为宜。

如果你无缘无故去邀约对方或送礼给他，太突兀，也太自贬身价了，应该伺机而动才好。例如，从人事部探知他的出生日期，在公司发动一个小型生日会，主动集资送礼物给他……记着，没有人能抗拒好意。

要是对方刚刚得到提升，这就是最佳的时机了，写一张贺卡，衷心送出你的祝福吧，如果其他同事替他搞庆祝会，你无论多忙碌，也要抽空参加，否则就私下请对方吃一顿午餐吧。恭贺之余，不妨多谈大家在工作方面的喜与乐，对过往的不愉快事件绝口不提，拉近双方距离。

这些亲善工作必须提前抓紧机会去做，否则一旦到了与对方发生直接的麻烦才行动，就太迟了，也只会予人"市侩"之感。

在职场中要本着默默耕耘、尽忠职守的原则做事。然而，如果公司里的新同事愈来愈多，则难免与他们有隔阂之感。对此，解决的方法并不困难，拣一个特别的日子，例如顺利完成一个计划或你的生日，做东请同事在一起小聚一次，这样做的意义重大，可以乘机多了解每一位同事的背景，包括公与私，这对你有莫大好处，方便日后工作。

通过情感交流的加深，加入他们的午饭圈，当然不必天天如是，安排一个星期两天就够了，目的是保持一定的联系，同时可获取公司里一定的情报。除了午饭，下班后去娱乐一番也是好主意，远离了办公室，所有人都会放轻松，谈起话来也随便得多，更易加深友谊。

此外，公事方面，无论多熟稔，都应公事公办，但自己有空，不妨多向同事伸出援手，主动一点是必须的！

笑容是最犀利的武器。当你托同事把文件做妥，说声"麻烦你"，加一个笑容，他会被你的友善感染；同事把做好的计划书交给你，别忘记谢谢他和微笑一下，这不但是礼貌，亦是感谢的表示。任何人都喜欢得到赞美。说些别人爱听的话，只要不是谎话，便不算埋没良心。切莫对同事大叫大嚷，这不但不礼貌、不友善，还表示你缺乏信心。

当你遇上难解的死结，情绪低落极了，此时更需要微笑，抛开烦恼，跟同事们谈笑，借此把恶劣心情冲淡，使精神集中于工作。

工作中不要太自私，若同事需要你的帮忙，不要推辞，即使不会立刻获得回报，你的投资也是不会白费的，起码他会认为你是大好人。

如果你做错了事，且影响到别人，要勇于认错，这样做自然会给对方留下深刻印象。还有，处处设身处地去感受他人的心态，再给予支持，没有人会不喜欢你的。

你与某同事在某事上持不同意见，又互不相让，以致言语上有冲突，但此时你要切记千万不要翻同事的短处，说这位同事做过的所有错事。而当下要做的头一件事就是要控制住自己的情绪，不管谁对谁

错都要想到向对方道歉,这是最佳和最有效的策略。

要是你重提旧事,企图狡辩些什么,只会惹来另一次冲突。同时,显得你缺乏诚意,人家日后再也不会相信你了。记着,你的目标是将事情软化下来,与同事化敌为友。所以,最好静待对方心情好转或平和些时,正式提出道歉。

所谓冤家路窄,你的死对头,或者曾经结怨者,被调派到你的部门来,且和你工作关系密切。事实既然摆在眼前,你必须好好处理。

要你忘记怨恨,是不可能之事。但有几项原则,是有必要遵守的。

首先,无论哪一次结怨,谁是谁非,都应明确表态,过去的所有事都一笔钩销,可以说,在职场上提起任何恩怨都是缺乏素质的表现。或许你过往与拍档工作,一切讲默契、讲信赖,但对新同事,就必须事事讲清楚,以免有所误解,导致不愉快事件,或心病愈重。例如交代一项任务,必须清楚地指出任务的目标、完成日期和报告书的规划等等,切莫想当然。

总之,你要抱着冤家宜解不宜结的准则来对待一切人和事,没有人会拒诚恳于千里之外。

## 一怒两伤一和两利

面对迎面而来的打击,你可以针锋相对以牙还牙,也可以大肚能容以德报怨,这两种不同的态度结果却是大不一样。前者让你多一个仇家,后者会让你赢得一个敬重你的朋友。

一个胸怀大度之人,或是一个能成就大事之人多半是持后者的态度。因为在生活中即使有人伤害了你，但人之初，性本善，对方的做法也可能是出自无奈，也可能是一时糊涂，不管出于哪一种都没有必要把他当作是真正的仇敌来对待。如果你做不到这一点，在竞争激烈的现代社会里，你不知何时就会多了一个敌人。特别是当今社会工作压力越来越大，难免会有人与你想法不一样，他可能会在背后议论你、诽谤你，把你当作敌人。

所以，当真正遭遇到别人的伤害时，不妨闭上眼睛，好好地想一想，有没有一个人曾经伤害了你，你至今都无法释怀的？有没有因为他人的无意触犯而与其争得面红耳赤，至今都耿耿于怀的？

有这样一个人，很多年来一直生活在愤怒、沮丧、仇恨和痛苦中。在他刚参加工作不久的时候，和最好的朋友同在一家公司做销售工作。一次，他们相约一起拜访一位大客户，谈成了一个大单子。就剩下最后的签约环节了，他们两个十分兴奋，便去买来食物在宿舍喝酒庆祝。结果这个人喝得酩酊大醉，等第二天上班时才得知在他醉着的时候，他的朋友独自跑去与大客户签成了那单生意。这样一来，两人的成绩被朋友一人独享了。

这个人十分生气，便去找那位朋友讨说法。可朋友说，心里十分不踏实，怕不早点把合同签了，夜长梦多。可是他醉成了一摊泥，怎么叫都叫不起来，就独自去签了。事已至此，朋友别无他法。他的朋友通过这个单子不仅拿到了一笔十分可观的奖金，在公司的地位也直线上升，不久便做了主管。

后来，虽然他通过不懈的努力也升了职，但这么多年来，他始终不能原谅他朋友。他从来不去有他朋友在的场合，大家共同的朋友也知趣地聚会时不将他俩约在一起，他与朋友在单位也是形同陌路。逢人便说："这件事情对他的打击太大了，与金钱无关，与地位无关；他通过那次算计得到的东西，我通过我的努力一样可以得到；可只要看到他那张脸，我便愤怒到不可遏制，我得把自己憋到几乎要咬碎牙

才不骂他或者给他个耳光。我下定了决心,我可以原谅任何人,就是不能原谅他。我可以宽容一切事情,但他这种卑鄙的行为,这辈子休想得到我的宽容。"

后来,随着社会经验、工作阅历的增长,他的朋友多次给他写信道歉,他看完信之后就撕个粉碎,那位朋友约见他想当面向他道歉,他连拒绝的言语都不说,只是冷冷地从鼻子里发出一声冷笑便扭头就走。他说他真怕自己一个忍不住便将朋友的鼻子打塌。

其实,这个人一直活在仇恨当中,自己一点也不快乐。他也曾疑惑地问自己:"明明犯错的是对方啊,对方为了当时那点蝇头小利,置我们的友谊不顾,可为什么最后难受的会是我。"最后,他终于醒悟了,那是因为自己的心里装满了仇恨,怎么会有别的空间来装快乐呢?

于是,他又自问:"难道我要忘记这些仇恨,忘记对方当初对我的伤害吗?"

后来,这个人试着主动跟那位昔日的朋友去沟通。他终于知道,这么多年来,因为年少时的不懂事而犯下的错误,已经让对方在自责与内疚中活了好久,很痛苦,倍受感情的煎熬。

他们冰释前嫌后,他也对朋友说:"现在我自己也似乎得到了解脱。"

是的,人活着,没有必要让仇恨填满自己的心。宽容别人,等于善待自己。只有这样,生活才能真正变得轻松、快乐。原谅了别人,等于善待了自己,它能使我们的生活变得轻松、快乐。不管面对什么样的情况,只要能以一颗宽容的心对待,于人是解脱,于己也绝对是有利而无害的。

# 第九章　加强自身修养做生活的强者

最难以对付的敌人，就是缠绕于我们自身的起负面主导作用的坏情绪。而它也是让世界上不存在永远不犯错误的人的唯一原因。生活要求我们加强自身素质修养，不是要求我们不犯错误，而是要求我们尽量避免不应该犯的错误。

## 不能因结怨而率性而为

生活中每个人都有自己的爱恨取向。在所有的情绪中，愤恨或许是负面效应最大的。因为仇恨在许多重大问题的抉择上往往总是扮演着破坏的急先锋的角色，如果自己的心中一直背负着仇恨并让它左右了自己，那么终有一天，它会吞噬掉自己的一切。

对于一心装着仇恨，时时想着有一天要复仇的人来讲，无疑是给自己套上了一个重重的枷锁。即便有一天将枷锁卸去，那也会留下深深的印记。

熟知三国历史的人都知道，刘备当初能够三分天下，拥有东西两川和荆州之地，关羽的作用是相当大的。然而由于关羽的失误，荆州被东吴夺去，关羽也被害。

刘备听说这个消息后，决定立刻起兵伐吴，发誓要为自己的拜把子兄弟报仇。

当时蜀国的另外一名大将赵云劝说道："当今曹氏是天下人尽知的国贼，我们的主要仇敌并非孙权。曹操虽然死了，但他的儿子曹丕却篡汉自立为帝，神人共怒。陛下如果有匡扶天下打算的话，就应该讨伐曹丕，而不能因为孙权杀了关羽就剑指东吴。这是因为倘若一旦与东吴开战，就不容易立刻停止，其他大计就无法实施。还望陛下明察。"

刘备此时也不是不知道其中的道理，赵云所说的话确是审时度势

之言。然而，兄弟被害的情形让他的心中已充满了复仇的怒火，他发誓要向东吴开战。他对赵云说："孙权杀害了我的二弟，还有其他忠良志士。这是切齿之恨，只有食其肉而灭其族，方能消除我心中的仇恨。"

赵云再次劝道："如今曹丕篡汉的仇恨，是我们大家共同的仇敌；兄弟被害的仇恨，只是私人的仇恨。再次希望陛下以天下为重，不要因私人仇恨而乱了自己的心志。"

刘备甩袖反问道："我不为义弟报仇，纵然有万里江山，又有何用？"遂起兵伐吴，欲扫平江东，但最后落得被火烧连营、白帝托孤的下场。

刘备的结局其实在他决心为兄弟复仇的那一刻就已经注定了。他内心愤怒的情绪让他丧失了最后的理智。假如他能够静下心来，不让恨意充斥着自己的头脑，设定详细的战略、审时度势地分析目前的情况。那么最终的结局肯定不会是那样的，而且，会比原来的要好很多。

因此说：一个内心充满着恨意的人，他的内心总也达不到平静的状态，也就无法正常看待这个世界。曾有人说过这样一句很有哲理的话："生活的一半是倒霉，另一半是如何处理倒霉。"这看似戏谑的话其实蕴含着人生中的重要哲理。那就是人生最终的成败悲喜，就在于生活的另一半，也就是如何正确地处理倒霉。

南非前总统曼德拉是南非的民族英雄，在被白人政府关押了27年之后出狱。1994年5月9日，曼德拉正式被国会选为总统，在宣誓就任总统的典礼上，他出乎意料地邀请了曾经看守他的3名狱警作为重要的客人来参加他的就职典礼。

当曼德拉把狱警介绍给来宾的时候，整个现场乃至世界都安静无声。毫无疑问，曼德拉的这一举动把人们惊呆了！因为谁都知道，这3名狱警在狱中不仅没有友好地对待他、照顾他，甚至还曾经想方设法地虐待他。难道曾经发生的一切，曼德拉一点儿不记得了吗？

就在大家迷惑不解的目光中，这个饱经沧桑的老人对着周围的人发出了这样的感慨："当我走出囚室的那一刻，双脚迈过通往自由的监狱大门时，我已经清楚，如果自己不能把怨恨留在身后，那么我其实仍在狱中。"

曼德拉之所以被人们称为伟人，是因为他能够用恰当的方式消除过去的仇恨。换言之，如果我们对过去让自己难堪的事情耿耿于怀，那么将无异于一生住在无形的"心的牢狱"里面，自己的生命将永远得不到解脱。对于曾经虐待自己的狱警，曼德拉不仅没有选择仇恨，而是不计前嫌地包容他们，将仇恨消于无形，也让人们更加敬重他的品格。这就是伟人之智。

可见，特别是对于一个公众人物，一个关系公共大局利益的人物，在处理问题时更不能因与人结怨而率性而为。那样的结果只会是，在仇恨别人的同时也牢牢地束缚了自己。长期将仇恨记在自己的心里，等于长期在自己的心头重演被伤害的过程。这样的结果只能是让自己一次次地痛苦，让理性一点点地消磨，最后让自己毁灭下去。

要知道，怨恨会使我们失去原有的冷静与理智，使我们无心维持正常的生活秩序，使自己的生活越来越糟。怨恨别人只是在对自己进行惩罚而已。

## 用善意去化解怨隙

社会关系是复杂的,即使是在一个行当做事的同行,有相互帮衬者也有难相处者,甚至是刻意为难攻讦者。面对这样的情况,正确的态度是:只要能够以德报怨,用笑容去主动化解怨恨,那么敌人也能够成为朋友。

新文化运动刚刚兴起的时候,其基本的主张就是废除古文,力推白话文。虽然林琴南的白话文十分流畅,但是却竭力反对新文化运动,成了反对胡适的"大佬"。在与新思潮的论战中,他不仅致信蔡元培明确表示反对新文化,而且还通过小说、杂感、评论等辱骂胡适等人。在《荆生》和《妖梦》两篇短篇小说中极尽挖苦和讽刺之能事,将胡适等人描绘得十分粗鄙和刻薄。

林琴南把学问用在了笔墨调侃,甚至文字骂战中,这让很多人都看不下去。《新青年》的陈独秀、钱玄同、刘半农等人更是义愤填膺,打算化名写文章反击林琴南,但胡适极力反对这样做。胡适认为:"化名写这种游戏文章,不是正人君子所为。"由于胡适的态度坚决,《新青年》终究没有用假名同当年已经是68岁的林琴南"刀来剑往"。

面对胡适的大度,林琴南也觉得自己的行为可能有些过分了,于是亲笔写信给报馆,公开承认了自己的错误。对于林琴南的长处和贡献,当时作为文化领袖的胡适常常给予十分中肯的评价。在林琴南的一生中,对外国文学引入到中国做出了相当大的贡献。此外,林琴南还能诗善画，是一个罕见的全才。

1924年，林琴南去世，胡适在《晨报》发文纪念。文章说："我们晚一辈的少年人只认得守旧的林琴南，而不知道当日的维新党林琴南；只听得林琴南老年反对白话文学，而不知道林琴南壮年时也作很通俗的白话诗，这算不得公平的舆论。"

胡适要给林琴南一个"公平的舆论"，特意抄录了林琴南所写的五首白话诗，和自己的纪念文章一同发表，着力证明"当日确有一班新人物，苦口婆心地做改革的运动。林琴南老先生便是这班新人物里的一个"。

1928年春，胡适在上海读到了一篇小说，题目是《燃犀》。小说的主要目的是隐射攻击已经死去的林琴南，写作手法效法当年林琴南骂胡适。胡适读后当即给这家报社写信，要求转达和告诫那个作者："我们可以不赞成林先生的思想，但不能污蔑他的人格！"

胡适的宽容让他获得了尊重，这种尊重不仅来源于朋友，更源于对手。胡适先生的人格让他在朋友圈内赢得了极高的赞誉，也让他成为了当时文化界人缘最好的人之一。

真正的友谊不是世俗之交，是同道之交，这样的朋友之间不计名利，会彼此理解。当然，有些时候，哪怕是对手，只要拥有了宽容之心，也会成为朋友。

在我国春秋时期，有一个著名的"将相和"的故事：

蔺相如是赵国的大臣。他在两次出使中，以聪明机智的应对保全了赵国颜面，受到赵惠文王的器重，拜他为上卿。

而赵国的资深大将廉颇对蔺相如被封为上卿一直心怀不满，他认为自己作为赵国的大将，一直出生入死，攻城略地，扩大疆土，官位也不过如此呀！怎么蔺相如耍耍嘴皮子就身居高位了呢？对此，廉颇气愤不已，他暗下决心，找机会一定要给蔺相如点颜色看看。

廉颇的这种想法被蔺相如的门客知道，迅速通报了蔺相如，但蔺相如只是微微一笑，说："我知道了。"从那天开始，蔺相如为了不使廉颇在临朝时位列自己之下，每当廉颇临朝时他都称病不上朝。

一天，蔺相如带着门客坐车出门，远远看见廉颇的车马迎面而来。蔺相如立即下令退到小巷里去，让廉颇的车马先过去。这件事引起了蔺相如门客的不满，便发牢骚说："难道您怕他吗？不上朝已经让着他了，现在又让路！"

蔺相如对门客们解释说："面对强大的秦王，我都一点不畏惧，敢当庭呵斥，羞辱他的群臣，我还会怕廉颇吗？秦国之所以现在不敢来侵犯我们赵国，就是因为有我和廉颇将军。如果我们两人不和，这正是中了秦人的圈套，秦国就会趁机来侵犯赵国，因此，我还不如忍让点儿呢！"

蔺相如的话传到了廉颇的耳朵里，他为自己的想法和做法感到惭愧不已，于是赤裸着上身，背着荆条，到蔺相如的家里去请罪。蔺相如见到廉颇，连忙扶起他，说："你我同为赵国的大臣，将军能体谅我，我已经万分感激了，怎么还来给我赔礼呢。我只希望我们两个人能尽力保住赵国的土地，让百姓安居乐业。"

从那以后，廉颇与蔺相如一文一武同心协力，让赵国一时间成了强国之一。

在实际的生活中，与他人产生不愉快的情形是无法避免的。如果在这个时候不能采取忍让和宽容，双方的矛盾就会不断激化。以德报怨不是示弱，而是一种尊重大义的品格。在自己受到伤害的时候，选择以德报怨，用笑容来消解仇恨，这样的人最终赢得的一定是更多人的尊重和拥戴。

如果在生活中出现了让人愤怒的人或事，首先要做的就是保持冷静，然后以和善的姿态去应对。如果是朋友，自然而然应该包容朋友的过失和错误；如果不是朋友，肯用笑容来化解仇恨的话，对方也会感受到你的真诚，很可能就大事化小了。

## 变负为正的最佳途径就是化敌为友

每个人都知道宽恕别人对自己的伤害是一种美德，但在现实中，宽恕伤害过自己的人却很难做到。这主要是因为人放不下受过伤害这个心结。其实，静下心来仔细想一想就会明白，宽恕是适度弯曲，但折伤不到自己；宽恕是承受创痛，并为自己疗伤。懂得宽恕是化解伤痛的一剂良方，是一个既聪明又有现实意义的举动。它可以帮助你在一片误解、痛苦与憎恨的狂乱中，不致乱了正确行事的阵脚。

让宽恕打开和解之门，你今天的敌人也许会变成你明天的好朋友。

1754年，美国独立以前，弗吉尼亚殖民地议会选举在亚历山大里亚举行。乔治·华盛顿上校作为这里的驻军长官也参加了选举活动。

选举最后集中于两个候选人。大多数人都支持华盛顿推举的候选人。但有一名叫威廉·宾的人则坚决反对。为此，他同华盛顿发生了激烈的争吵。争吵中，华盛顿失言说了一句冒犯对方的话，这无异于火上浇油。脾气暴躁的宾怒不可遏，一拳打倒了华盛顿。

这时，华盛顿的朋友们围了上来，要为他找回面子。而驻守在亚历山大里亚的华盛顿的部下听说自己的司令官被辱，马上带枪赶了过来，气氛十分紧张。

在这种情况下，只要华盛顿一句话，就可以为自己找回面子。然而，华盛顿是一个头脑冷静的人，他只说了一句："这不关你们的事。"就这样，事态才没有扩大。

第二天，威廉·宾收到了华盛顿派人送来的一张便条，请他到当地的一家小酒店去约谈。威廉·宾马上意识到，这一定是华盛顿约他决斗。于是，富有骑士精神的宾毫不畏惧地拿了一把手枪，只身前往。

一路上，威廉·宾都在想如何对付华盛顿。但当他到达那家小酒店时却大出意料：他见到了华盛顿的一张真诚的笑脸和一桌丰盛的酒菜。

"宾先生，"华盛顿热诚地说，"犯错误乃是人之常情，纠正错误则是件光荣的事。我承认我昨天是不对的，你在某种程度上也得到了满足。如果你认为到此可以和解的话，那么请握住我的手，让我们交个朋友吧。"

宾被华盛顿的宽容感动了，把手伸给华盛顿说："华盛顿先生，请你原谅我昨天的鲁莽与无礼。"

从此以后，威廉·宾成为华盛顿的坚定拥护者。

当华盛顿被打倒在地时，是很容易失去理智，做出悔恨终生之事的。可贵的是华盛顿能保持冷静，以宽容来解决问题，把一个仇人变成了忠诚的拥护者。

永远不要对敌人心存报复，那样对自己的伤害将大过对敌人的伤害。

"二战"期间,有一小股美国的部队在一片森林中与敌军相遇,经过一场激战后有两名战士与部队失去了联系。这两名战士来自同一个小镇。

两人在森林中互相鼓励、互相安慰,三天的时间过去了,依然没有与部队联系上。他俩确信已经迷路了,食物也断了,幸运的是他们打死了一只小鹿,依靠鹿肉又艰难度过了几日。后来仅剩下一点鹿肉,就背在一个人的身上做为最后的救命给养。

有一天,他们在森林中又一次与敌人相遇,经过再一次激战,他们巧妙地避开了敌人。就在自以为已经安全时,一声枪响,走在前面背着鹿肉的战士中了一枪,幸亏伤在肩膀上!后面的战友惶恐地跑了过来,他害怕得语无伦次,抱着战友泪流不止,并赶快把自己的衬衣撕下包扎战友的伤口。

晚上,未受伤的士兵一直念叨着母亲的名字,两眼直勾勾的。他们都以为他们熬不过这一关了。虽然饥饿难忍,但他们谁也没动身边的鹿肉。第二天,寻找他们的人员救出了他们。

事隔30年,那位受伤的战士说:"我知道是谁向我开的枪,他就是我的战友。当他抱住我时,我碰到他发热的枪管。我怎么也不明白,他为什么对我开枪?但当晚我就宽恕了他。我知道他想独吞我背着的鹿肉,我也知道他想为了他的母亲而活下来。此后30年,我假装根本不知道此事,也从不提及。战争太残酷了,他母亲还是没有等到他回来,我和他一起祭奠了老人家。那一天,他跪下来,请求我原谅他,我没让他说下去。我们又做了几十年的朋友,我宽恕了他。"

最高境界的宽容就是宽容那些曾经伤害过自己的人。这不是一件容易的事,但是倘若我们这样做了,那么我们就会从中体验到我们自

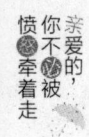

身的富有和强大。因为当一个人能够宽容别人时，就为自己消除了敌人，就无须去防御别人了。

宽恕是一种圣洁的品质，但我们中的大多数人都不具备这样的品质。原谅那些曾经伤害过自己的人，这样会给我们带来一种身心的平和。如果拒绝忘记那些微不足道的陈年往事所引起的愤怒，我们就不能体会到这种平静。

## 进行心理整合让自己的心理近乎完美

人的需要、心愿和客观事物发生各种相互作用时，就产生了情绪。情绪是和人的追求联系在一起的。

我们必须学会选择快乐，抛弃烦恼，学会控制情绪是一种必需的心理整合，是让自己性情变得完美的要诀之一。学会控制情绪也是获取他人赞美的途径之一。

失败了，流泪了，掏出手绢，将泪水擦净，同时向胜利者投掷鲜花。这时，人们会看出你的潇洒、大度，别人会接受你、赞美你、认同你。这就是对自己情绪的调整。

不良情绪是最危险的敌人，因此需要整合。

我们在追求目标的过程中，受到对手或周围环境的刺激或干扰时，就会产生厌恶、气忿、抱怨等不良情绪。当我们的追求没能如愿以偿，遇到失败时，我们可能会对自己过去的所作所为感到后悔、自责、内疚、羞惭，对自己的前途感到灰心失望、信仰破灭，而对别人产生嫉妒，甚至产生仇恨的不良情绪。对此如果不加以调整对自己的成长是极为不利的。

许多时候，我们在工作、学习中所遇到的最大的阻力不是来自对手，而是源于自己不良的情绪。比如，一个学生有几门功课都比较好，而另外一两门功课则较差，这时，他的家长、甚至连他的教师在内，都会认为是这个学生在这方面的天赋较差。其实，这其中的主要问题在于学生对这一两门功课的不良情绪上。原因可能是对这些功课没兴趣，或从心理上就有学不好等畏惧心理。这些原因促使该学生一拿起书本来，各种不良情绪就先纠集在一起，沉沉地压在心上。想到过去的失败，则更是灰心、羞惭、内疚；而受到师长的批评、家长的责备，压力会更加一层。

在这样的情况下，该学生怎么可能想出巧妙的方法来解题，又怎么可能产生创作的灵感呢？

所以，要帮助一个学生提高成绩，首先要帮助他发挥自己的心理力量，控制好情绪。要改变学生对某门功课的看法和情绪，把被动的态度改为主动的态度。否则，花多大力气去打基础，也是事倍功半。所以说：一个人情绪一坏，就在心理上交枪认输了。别说是提高能力，就是原来已有的能力和熟练技巧也发挥不出来，甚至连饭也吃不下、觉也睡不着，正常生活都无法维持，还何谈成绩提高。

学生学习如此，运动员进行比赛时也是如此。不管是乒乓球赛还是台球赛、网球赛，从中往往都可以看到，优秀的选手一旦陷入这样一种境地，也会技术失常、一败涂地。

可见要取得满意的结果，就一定要学会控制自己的情绪，学会选择快乐、自信，而抛弃烦恼、自卑和愤闷的情绪。

也许，有人会认为情绪一旦上来时，谁都无法控制。如果向每一个人提出问题："你愿意选择快乐，还是选择烦恼？"相信所有人都会回答说："当然是愿意选择快乐了。"

但是，为什么还有很多人陷入深深的痛苦与烦恼之中呢？

大多数人的回答都包含这样一个意思："我希望快乐，但是烦恼找上门来，实在无法回避。"

一般人都认为烦恼是客观存在的。当它侵袭人的情绪时，人是无法抵御的。也就是说，人对自己的情绪是无法左右和控制的。这种看法绝对是错误的。客观存在的是外界的刺激，而刺激和烦恼是两回事。

烦恼是人的主观情绪对刺激所做的一种反应。刺激不一定就能引起烦恼，如果我们抱定选择快乐的态度，就可以通过各种方法来抵制、转移、疏导这些刺激，不让它在我们的情绪中引起不良的反应，或尽可能减少它所引起的不良反应，或者是利用它来产生一个有益的、积极的反应。

不少人怀疑对自己情绪控制的可能性。其实，你现在就可以做一个试验来试试看：如果你做出一个微笑的表情，你就会感到增加了几分愉快。

情绪可以影响行为，但反过来，行为也可以影响情绪。我们说，一个人通过修炼和培养，性情是可以改变的。以下就是经过实践检验证实的简单有效的方法：

1. 进行现有情绪转移

就是转移你的注意力，把注意力转移到愉快的事情上去。在你的追求中，有时会碰到一些无法回避的痛苦和烦恼。也许你热烈地爱着一位姑娘，她对你也很好，却只是友谊而不是爱情。爱是双方的，不能剃头挑子一头热，单方面做出任何努力都是无济于事的。这时，你就不得不吞下失恋这颗苦果。这虽然很痛苦，却也只有默默忍受。这时候，能够帮助你减轻痛苦的最有效的方法就是转移注意力。把注意力转到工作、学习上去，放到别的吸引你的活动上去，或是重新选择恋爱对象。

2. 弱化现在的情绪

就是减少你的烦恼。不记忆、不思考、不想象。

3. 寻求解脱现有情绪影响

就是换一个角度来看待令人烦恼的问题。

4. 抵销现有的情绪影响

比如，当你遇到挫折，感到灰心丧气时，就读一些能够鼓舞人斗志的诗歌或小说，或写写日记，自己对自己发发牢骚。

5. 正面地利用现有情绪的影响

比如，你正安静地想问题，但邻居大放音乐。对此，你完全可以不生气，你可以坐得更舒服一些，用脚尖敲着节奏，欣赏一番。

总之，通过一些有针对性的心理修炼，我们就能做到：任凭风吹浪打，我自闲庭信步，纵有天大的不快，我也不惊、不恼、不怨、不怒，而怡然自乐。

## 要快乐生活首先要理解生活

通俗一点讲，生活就是一个人在有呼吸的时候所做的一切事情，呼吸终止，不管你是做什么的，是穷人还是富人，是平民还是官员，生活也就终止了。一切的一切，是遗憾的还是自以为是露脸的都灰飞烟灭。明白了这一点，在生活中，每一个人都应该珍惜和谐快乐而不是吵吵闹闹。比如，"知足常乐"就是一种正确的生活态度，有了这样的生活态度就会不被各种烦恼所缠绕。美国心理卫生学会提出了人们对待生活的九条标准,非常益于人们的身心健康。

第一条,不苛求自己。人人都有抱负,但有的人能实现,而有的人却不能实现。这是因为有些人把自己的目标定得太高,根本实现不了,于是终日抑郁不欢,这实际上是自寻烦恼;有些人对自己所做的事情要求十全十美,有时近乎苛刻,往往因为小的瑕疵而自责,结果受害者还是自己。为了避免挫折感,应该把目标和要求定在自己能力范围之内,懂得欣赏自己已取得的成就,心情自然舒畅。

第二条,尊重他人,与他人为友。有些人心理不平衡,完全是因为他们处处与人争斗,使自己经常处于紧张状态。其实,人与人之间应和谐相处,只要你不敌视别人,别人也不会与你为敌。只要你对人友好,尊重他人,他人也会对你友好,尊重你。

第三条,不苛求家人。妻子盼望丈夫飞黄腾达,父母希望儿女成龙成凤,这似乎是人之常情。然而,当对方不能满足自己的期望时,便大失所望。其实,每个人都有自己的生活道路,而且未来也不全掌握在我们手里,要学会顺其自然。

第四条,学会调整自己的情绪。在现实中,受到挫折时,应该暂时将烦恼放下轻松一下,去做你喜欢做的事,如跑步、打球、读书、看电影等,待心境平和后,再面对自己的难题,思考解决的办法。暂离困境,可以使你十分客观地评价自己。

第五条,生活和学习、工作中不为自己施压。处理工作和生活中的一些问题,只要大前提不受影响,在非原则问题方面无需过分要求,要给自己一定的自由空间,以减少自己的烦恼。

第六条,以仁爱之心对人。生活中被人排斥常常是因为你对别人有戒心,别人也对你生了戒心。如果在适当的时候表示自己的善意,诚挚地谈谈友情,伸出友谊之手,自然就会朋友多,隔阂少,心境自然会变得平静。

第七条，助人为乐。助人为快乐之本，帮助别人不仅可使自己忘却烦恼，而且可以表现自己的存在价值，更可以获得珍贵的友谊和快乐。

第八条，学会自己找乐。生活不能只知一味地苦干，要学会休息，只有劳逸结合才能最大地发挥执行力。适当娱乐，不但能调节情绪，舒缓压力，还能增长新的知识和乐趣。

第九条，不为自己设置过高的目标。这个过高的目标，包括很多的内容。比如，不做过高的物质要求，不做过高的职务宿求，等等。不论是荣与辱、升与降、得与失，往往不以个人意志为转移，宠辱不惊，淡泊名利，做到心理平衡才是极大的快乐。

总之，只要能掌握以上几点要诀，并坚持做下去，你将会成为一个知足常乐的人。

## 善待对手做大度之人

生活中，由于各种各样的原因，有人把对手当成死敌，嫉妒对手的成功，随之愤怒也就产生了，然后就用各种手段去攻击对手。殊不知，这样的结果只是两败俱伤。只有胸怀宽广善待对手，才可取得双赢。

以色列有个名叫安东尼奥的人，在一个小镇上开一家杂货店。这店是他的父亲传下来的，他父亲又是从他爷爷的手里接下来的，他爷爷开这家杂货店的时候，正赶上中东战争。

安东尼奥买卖公平，童叟无欺，所以信誉很好，他的这间杂货店对于整个小镇的人来说，既方便又不可缺。他没有什么野心，没有赚大钱的想法，只想能让老店传承下来。因为他的儿子也正在一天天长大，小店已经后继有人了。

可是有一天，有一个外乡人笑嘻嘻地来拜访安东尼奥后，让本来一直很快活的安东尼奥一下子变得忧虑了起来，原因是这个外乡人说想买他现在的小店，并让他自己出价。然而，这个由祖上传下来的小店是无论如何，给多少钱也不能卖的，这铺子不光是铺子，这是事业是生活资本、是信誉！最后，外乡人耸耸肩说："很不好意思，我已经把你对面的那幢空房子买了下来，现正在装修，我要把它粉刷一新，弄得富丽堂皇，再进一些好货低价出售，到时你的小店关也得关，不关也得关，因为你不会有生意做了。"

安东尼奥眼见得对面贴出了翻新的告示，一些被请来的木匠正在里面锯啊刨啊，有一些漆匠爬上爬下。看来，小店真的要毁在自己的手里了，他无可奈何却又不无骄傲地在自家的门上贴了一张告示：敝店系老字号店，九十五年前开张。外乡人见他贴了一张告示自己也贴了一张，上写：敝号系新店，下礼拜开张。人们对比读了，无不痴痴暗笑。新店开业前一天，安东尼奥坐在自家的老店里想心事，他此刻真想把对方臭骂一顿。

幸亏他的妻子是个好人，劝阻了他，并用缓缓的语气说：你现在巴不得把对面的房子烧了是不是？"是巴不得！"安东尼奥简直是咬牙切齿地说。"烧了又怎么样？烧了也没用，人家是上了保险的！再说，这样做也缺德！""那你说怎么办？我们就这样任凭那个混蛋把我们挤垮了吗？""你该去祝愿。"妻子对他说。"祝天火来烧？"这时妻子责怪他说："你总说你是一个人，可一碰上事就糊涂，你该怎么做自己还不清楚吗？你应该去祝贺新店开业，祝他开业成功。"安东尼奥听到此话埋怨妻子说："难道你现在脑子进水了吗？"但他埋怨归埋怨，说完之后，自己还是决定去祝贺。

第二天早晨新店还没开门，全镇的人都已等在小店的门前，大家看着正门上方赫然写着"新新杂货店"几个金字，都想先进去一睹为快，安东尼奥也在人群中，显得很快活，并先跨到台阶上大声对着正前来开门的外乡人说："外乡老弟，恭喜开业！谢谢你给全镇的人带来方便！"本来，小镇上的人觉得今天安东尼奥前来一定是来找茬的，没想到他是第一个向外乡人祝贺的，所以这让全镇的人都对安东尼奥刮目相看。

全镇的人都围上来朝他欢呼，还把他举起来，大家跟他进店参观，看着标价，大家都觉得很合理，那个外乡人很不好意思地拉着安东尼奥的手，两个人像是老朋友一样，心里突然觉得相互亲近了许多。

后来，两家生意都做得很好，因为小镇一点点地变大了，购买货物的人逐渐多了起来。

人性的弱点是共同的，但不是不能克服的，战胜了弱点，你就可战胜一切对手。战争的方式也不是只有一种，软性的战争有时可能更有力量，祝福你的对手，你也可以获得同样的祝福。聪明人的战争理念是建立在实力基础上的，而不是以拆对方台为手段来达到自己的目的。

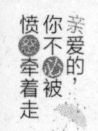

## 修养宽厚忍让低调的胸怀

在现实生活中,很少能看到具有豁达性格的人与人争吵,因为豁达者多是有修养者,他们待人待事宽厚、忍让、低调。

提及豁达,人们会联想到常年张着嘴笑哈哈的弥勒佛,弥勒佛大肚能容,笑口常开,一副乐天派。

豁达的人我们知道的不少。著名书法家启功先生在《自撰墓志铭》中称自己是:"中学生,副教授。博不精,专不透。名虽扬实不够。高不成,低不就。瘫趋左,派曾右。面微圆,皮欠厚。妻已亡,并无后。丧犹新,病照旧。六十六,非不寿。八宝山,渐相凑。计平生,谥曰陋。身与名,一齐臭。"寥寥72个字,把自己的身世,成就、家庭状况及音容笑貌,都做了自我评价,一代宗师,视名之淡,视利之轻,忘怀得失,自寻其乐之情,跃然纸上。

这绝不是虚伪的客套和自我贬抑,也不是禅宗式的逃避现实,而是对世事和自身的一种透彻的认识和省悟,一种难得的豁达和乐天知命。

人生百年,七八十岁算是长寿了。人这一辈子与其郁郁寡欢气哼哼地过,倒不如痛痛快快、潇潇洒洒地活。可人生一世那么多的风风雨雨、坎坎坷坷。怎样才能活得快快乐乐呢?

豁达起来,人便有快乐。豁达是一种超脱,是自我精神的解放,人要是成天被名利缠得牢牢的,得失算得精精的,树叶子掉下来悲悲伤伤的,又如何豁达呢?豁达就要有点豪气,乍暖还寒寻常事,淡妆浓抹总相宜。凡事到了淡,就到了最高境界,天高云淡,一片辽阔。

人肯定要有追求,追求是一回事,结果是一回事。

我们不妨就记住一句话:事物的发生发展都必须符合时空条件,是遵循着规律的,相逆、相争都不行,人活得累,是因为要求过高,这个要求过高包括对待遇、对别人、对环境,等等。如果,结果达不到就少不得生出抱怨、怒气、忧虑等等,这可以说是一个人感觉很郁闷的主因。一个人只有抛弃那些与生活规律不相宜的心态和行为,豁达处世才可活得轻松快乐。

豁达是一种宽容。恢弘大度,胸无芥蒂,肚大能容,吐纳百川。即使面对流言蜚语、不公正的对待,也可淡然相对,待到廓清云雾,必定是柳暗花明。

豁达是一种开朗。豁达的人,心大心宽,任何悲愁愤闷的情绪,都会在豁达的心态面前烟消云散。其实,世界上的事公平不公平没人能说得清。我们要按生活本来的面目看生活,而不是按着自己的意愿看生活。风和日丽,你要欣赏,光怪陆离,你也要品尝,这才自然,才不会有太多牢骚、太多的不平。不过,"月有阴晴圆缺"对谁都一样,"十年河东,十年河西,"一切都会随时间的推移而变化。阴阳对峙,此消彼长,升降出入,这就是生机。

豁达是一种自信,人要是没有精神支撑,就相当于没有灵魂。人的这种精神就是自信,自信就是力量,自信给人智勇,自信可以使人消除烦恼,自信可以使人摆脱困境,有了自信,生活中就充满了光明。豁达是一种修养,一种理念,是一种至高的精神境界。

说到底,豁达是对待人世的态度。苏东坡一生颠沛流离,却是"猝然临之而不惊,无故加之而不怒"。沈从文也好,马寅初也好,一

第九章 加强自身修养做生活的强者

些伟人的跌宕起伏也好，对于人生的种种不平、不幸，都以其博大胸襟和知识学问所涵盖，以及由善良、忠直、道义所孕育的不屈不挠的生命力所战胜。

要豁达，首先要学会不在意。不在意，就是别总拿什么都当回事，别去钻牛角尖，别太要面子，别事事较真，别把微不足道的鸡毛蒜皮的小事放在心上；别过于看中名和利的得失；别为一点小事而着急上火；动不动就大喊大叫，以致因小失大，后悔莫及；别那么多疑敏感，总是曲解别人的意思，别夸大事实，制造假想敌人。

人生的滋味并非只由名利构成。与其钻在小心眼的牛角尖里作茧自缚，真不如豁达一些："清风朗月不用一钱买"——人生快乐的事很多，何必非得为眼前的一点利益而烦恼不快呢？

## 真正的强者都不是任性的

喝酒的人都明白，喝酒是不能过量的。一旦过了量，不仅伤身，而且还会闹事，有的更会惹出大祸来。

生活中，做事就如饮酒，是要把握分寸和"度"的，这是成事的重要前提。正像饮酒一样，喝到兴头上，也不能多喝，否则酒就会乱性，不能让人快乐了。

金朝皇帝完颜雍是在完颜亮被杀后上台的。他从前受够了完颜亮的压迫，对他充满了仇恨。完颜亮虽然死了，可满朝文武大多是他的党羽，于是完颜雍决心杀光他们，一是为了发泄积蓄已久的愤怒，二也是为了斩草除根。

完颜雍的一位亲信觉得这样做不利于政权的稳固，他对完颜雍说："从前完颜亮凶残恶毒，他在位期间，不知杀死了多少人。在他看来，反对他的人都被杀光了，可他还是被杀身死，皇上不该引以为戒吗？"

完颜雍说："完颜亮本性奸狠，六亲不认，他是死有余辜啊，我怎么和他一样呢？我这是铲除逆贼，替天行道，难道他的余党不该斩杀吗？"

完颜雍的亲信说："皇上从前受辱，今日报仇本属应该。可皇上毕竟不同于平民百姓，做事不能只图尽兴，而不考虑后果。现在皇上立足未稳，若大开杀戒，叛乱之事必将四起；人人自危，他们便会以死相拼。这样，皇上又怎能治国呢？不管皇上有多少怨恨，为了天下，也该压下怒气，安抚文武百官。"

完颜雍是个明白人，冷静下来之后，他认为亲信说的有理。可他还是咽不下这口恶气，想要把为首的几个大臣杀了。

完颜亮的余党听到这个风声，开始准备叛乱。他们造谣生事，一时形势变得对完颜雍十分不利。

完颜雍面对危局，马上清醒过来。他暗怪自己意气用事，置国家安危于不顾。他于是召见群臣，诚恳地对他们说：

"一切过错，都是完颜亮一人造成的，你们也是出于无奈啊！我被仇恨冲昏了头脑，对你们也有了偏见，这是我的不对。俗话说，冤有头债有主，既然完颜亮已死，那么过去的事情就该一笔勾销。只要你们对我没有二心，我就决不会让你们失望。"

为了表达诚意，完颜雍对文武百官都保留原职，其中，劣行十分突出的尚书令张浩，完颜雍也没有追究，只是对他发出了警告，还让他拥有相当大的权力。

大将白彦敬等人,曾杀死过完颜雍的使者,他们自己都承认有罪,但完颜雍还是放过了他们,亲自为他们辩解说:"先前是各为其主,国家正是用人之际,我不能杀他们这样的良将。"

面对如此大度宽厚的完颜雍,文武百官都打消了异念,痛改前非,死心塌地地为新皇卖命。国家于是逐渐安定下来。

完颜雍听人谏言,不使性乱杀,让金国消除了一场大的祸乱。他委屈了自己,却巩固了皇权,这都是他理智处事的结果。

人在受愤怒影响的时候,最难的就是保持理智。一切原则啊、后果啊都不讲了,任性乱来。这样虽可享受一时之快,但接下来就是恶果的产生,对于生活的强者来说是最不值得的。

## 生气不如争气

有一家公司招聘了一批刚刚毕业的大学生做推销员,为了保证能让这些销售新人很好地胜任这一工作,公司为这些新职员进行了岗前培训。公司要求新员工在培训期间也可自由地进行一些实践活动,也就是说,允许他们去独立开拓业务。

有一位叫王伟的新人因误入了老业务员已有业务关系的客户而与其发生了矛盾,受到了上级主管的指责。这使王伟心里很不痛快。

一天，主管又因为一点儿小事当众严厉批评了王伟，这使王伟感到气愤至极，他在洗手间忍不住对公司里的老员工李先生说："我要离开这里，我恨透了这个公司！"李先生认为王伟个人素质不错，能力也行，在本公司肯定会有前途的。所以他想了想，对王伟说："我举双手赞成你对公司进行报复！这破公司一定要给它点儿颜色看看。不过，我认为你现在离开不是最佳时机。"王伟问："为什么？"李先生狡黠地说："如果你现在走了，对公司造不成任何损失，从现在开始你应该趁着在公司的机会，多为自己拉一些客户，努力使自己成为公司独当一面的人物，到那时你再带着这些客户突然离开公司，公司就会受到重大损失，处于被动地位。"

王伟觉得李先生说得非常在理，自此一改以前的抱怨言词，努力工作，而且很少再和主管发生争执。因为每次王伟一想到与主管争吵就可能被提前解雇，那么就无法实现自己的报复计划，他就立即忍住脾气，转而想象着有一天自己成为公司产品销售的顶尖人物，带着一批客户突然跳槽时的情景，心情立即就会阴转晴，好像自己的宏伟目标就要达到了一样。

事遂所愿，经过半年多的努力工作后，王伟有了许多忠实客户，他已经成为公司的销售精英。一天李先生在洗手间碰到王伟，他小声对王伟说："现在是时机了，要跳槽赶快行动！"王伟淡然笑道："谢谢大哥的提醒，可老总最近刚跟我谈过，准备升我做总经理助理，我暂时没有离开的打算了。"

可见，当你遭遇不舒心气闷的时候，要好好权衡一下，你所谓的以牙还牙，到底会给自己带来什么，是不是能为自己争口气。

事实证明：每当这个时候，你要做的不是抱怨，也不是自我生闷气,而应该是将心态调整到最好的状态,将工作做到最出色的地步,这样才是占到的最好的便宜,也是为自己争气的最好方法。

只有愚蠢的人才会一味地沉迷于生气,聪明的人会想尽一切办法争气。一个人最重要的是要学会让自己强大起来,而不是想着怎样去计较一些鸡毛蒜皮的小事,这样最终受伤害的是自己。

对一般人而言,由生气转为去争气,说起来容易,但做到却很难。这中间往往有一条很多人逾越不了的鸿沟,那就是缺少一种坚强的志气与毅力。

人生多变幻,这是不幸,也算是幸运,因为它给了我们努力的希望和勇气。当然,被人欺负、不受尊重、事与愿违,这是不论放在谁身上都会生气的事。可是话又说回来,光发怨气有用吗?可以解决实际问题吗?当然不能。所以,我们不能只怨天尤人,我们要做的就是释放胸中的怨气,坚定自信,用超过别人的能力或业绩来为自己争气。不为眼前暂时的不幸而悲观,不在乎别人的说法,只要在人格上、智慧上和力量上使自己更加强大,许多问题就会迎刃而解了。把怨气变为争气就是这个道理。

人生只要有理想就有争气的理由,面对人生的烦恼与不平事,最重要的是摆正自己的心态,积极地面对一切。一味地抱怨与生气,最终受伤的只有自己。越是逆境之中,越要保持良好的心态,生气并没有用,只有为自己赌口气,自己争气,才是唯一的出路。因为机会只属于那些立定志气,并为之辛勤耕耘的人,换句话说,机会只钟情于那些有备而来的人。

现实生活中,人人都在忙碌,忙工作,忙学习,有些人做起事来如鱼得水、游刃有余,而有些人却四处碰壁,乱发脾气,不仅搞得自己心情不佳,也让周围的人跟着遭殃。更何况发脾气只能证明自己的能力不佳，修养不到位，生气又有何用呢？静下心来想一想，为什么只有我一个人这么不如意呢？想一想那些有成就的人吧，他们是不是遇到问题也像你一样气急败坏，怨气冲天，指责这世道的不公平呢？既然他们有了成就，就自然有一套成功地解决问题的好办法，那就是：遇到困难总是能够沉着冷静，想办法去解决，从不埋怨，更不会把责任推到别人的身上。你无法改变别人，但是完全可以改变自己，假如你把你发怨气的时间用来发展自己，强大自己，暗暗地争口气，等到出成绩的时候别人自然就会对你刮目相看了。

第九章 加强自身修养做生活的强者